LE FILM VA FAIRE UN MALHEUR

DU MÊME AUTEUR

La Diablada, nouvelles,
Anne Carrière, 2004.

L'Étage de Dieu, nouvelles,
Le Furet du Nord / Jordan (Belgique), 2006.

Le Vertige des auteurs, roman,
Le Castor Astral, 2007.

Qui comme Ulysse, nouvelles,
Anne Carrière, 2008.

http ://www.georges-flipo-auteur.com

Georges Flipo

LE FILM VA FAIRE UN MALHEUR

roman

« Escales des lettres »
Le Castor Astral

LE FILM VA FAIRE UN MALHEUR
est le sept cent quatre-vingt-troisième ouvrage
publié par Le Castor Astral

La collection « Escales des lettres »
est dirigée par Francis Dannemark et Jean-Yves Reuzeau
en collaboration avec Hélène Hiesler,
Bénédicte Pérot et Jean-François Caro.

www.francisdannemark.be
http ://escalesdeslettres.hautetfort.com

Couverture : *Camera Man* by Theodore Daktopan

Correspondance :
castor.editeur@wanadoo.fr
ou
Le Castor Astral – BP 11 – 33038 Bordeaux Cedex (F)

www.lekti-ecriture.com
www.castorastral.com

ISBN 978-2-85920-783-0

Aux yeux vigilants qui lisent
ce qui n'est pas encore lisible,
gratitude et amitié.

1. Le long des planches

— Alexiiiis !

Le *iiii* était violent, un bâtonnet sans ouate qui déchirait le tympan et pénétrait jusqu'à l'os. Longtemps, Alexis Pirief garda la certitude que ce *iiii* avait été la cause – à tout le moins la cause première – des navrants événements dans lesquels il se trouva contraint de jouer le premier rôle. Plus tard, quand l'histoire esquissa une volte farceuse et lui offrit un visage plus avenant, Alexis pardonna ce *iiii*. Il sut même l'oublier. Après tout, ce destin, c'était lui, lui seul, qui l'avait enfourché, éperonné et guidé. Plus tard, bien plus tard encore, lorsqu'il fallut trouver un coupable à son amère aventure, il n'en vit plus d'autre que lui-même, et il en conserva un sentiment d'injustice commode – de ces injustices qu'on ressasse la nuit, comme un enfant sanctionné, avant de ne pas s'endormir.

— Alexiiiis !

Alexis préféra ignorer ce second appel. Clara ne savait pas crier son nom. Il lui avait souvent expliqué qu'il était plus élégant, peut-être même plus russe, de poser l'accent tonique sur la seconde syllabe, *A-leeee-xis !* Clara n'en avait cure ; quand elle criait, elle voulait simplement qu'on l'entendît, il y avait là toute son intelligence utilitariste. Mais ce second appel était-il vraiment désagréable ? Alexis avait une façon bien à lui de dénicher de petits bonheurs dans toute contrariété – l'inverse étant encore plus fréquent ; il aimait qu'on parlât de sa *sensibilité paradoxale.* Et quand personne n'en parlait, il lui arrivait de glisser les deux mots avec un sourire contrit.

Oui, le second appel avait son charme. Il tombait du dernier étage de l'immeuble et résonnait dans la petite rue Amiral de Maigret avant d'atteindre Alexis qui, sur le trottoir, s'apprêtait à un jogging besogneux. Quelques voisins pointaient le nez à la fenêtre ; on saurait dans la rue que le touriste du quatrième, un certain Alexis, partait courir tôt le matin. Un courageux, ce type, pour aller cavaler à huit heures le long de la plage de Trouville dans le brouillard frisquet d'avril.

— Alexiiiis !

Il était maintenant raisonnable d'entendre Clara. Esquissant une foulée, Alexis se retourna lentement, comme si le *iiii* l'avait caressé en l'atteignant enfin.

Clara s'agitait sur le balcon du petit appartement, un portable à la main. Elle était en slip et avait enfilé le haut d'un survêtement qui voilait modestement l'ancrage de ses cuisses. Les voisins allaient croire que Clara dormait *en survêtement,* comme dans les campings, et Alexis se demanda comment dissiper ce malentendu d'une affreuse vulgarité. Peut-être fallait-il faire circuler le bruit qu'elle dormait nue. Après tout, c'était vrai. Mais c'était là une rumeur bien difficile à lancer dans une ville où l'on est inconnu. Pourquoi pas en prenant le café au comptoir de la brasserie ? « Le temps est humide, pour un mois d'avril. Ma femme, qui dort nue, a souvent froid le matin… » C'était jouable. Non, billevesées.

— Oui ?

— Alexis, j'ai la secrétaire d'un monsieur Lemarin. Il veut te voir le plus vite possible, qu'est-ce que je réponds ?

— Tu réponds oui, bien sûr !

Et Clara afficha son plus beau sourire pour parler au portable d'Alexis. Elle souriait à tout le monde, même aux portables, elle avait eu raison de faire HEC.

— Alexiiiis, dix heures trente, ça irait ?

Alexis leva le pouce, sourit, lui aussi, et s'élança vers le casino. Il le contourna sans forcer l'allure, base 9 km/h, ce serait bien pour un tel jour. Même dans sa course, il continuait à sourire, ce qui ne lui arrivait jamais : il préférait, en temps ordinaire, le rictus tragique de l'athlète au-delà de ses limites. Il souriait encore quand il atteignit les planches qui longeaient la plage. Quelques passants le regardaient, étonnés. Peut-être les plus cinéphiles l'avaient-ils reconnu : « Mais c'est Alexis Pirief, le jeune réalisateur, qu'est-ce qu'il a donc, à sourire comme ça ? »

Ce qu'il avait, c'était cette détonante nouvelle : Jean Lemarin, le sénateur-maire de L***, voulait le rencontrer. Jean Lemarin, le président du festival

Cinéma et Tiers Monde, organisé par le conseil général de Basse-Normandie.

Il y avait dans cette rencontre une risée de mystère qui faisait frissonner Alexis. On était jeudi, le festival ne commencerait que le mardi suivant. Jean Lemarin avait dû s'arrêter sur le film d'Alexis dans la liste des candidats en sélection officielle et le visionner en solitaire. Il avait trouvé le numéro de portable dans le dossier de présentation d'Alexis, et voulait lui en parler avant d'en toucher un mot aux jurés : « J'ai vu *Zoubeida l'Africaine*, du jeune Pirief, c'est beau, très dérangeant, je me demande si... »

Oui, c'était cela, le sénateur-maire était venu le voir pour disposer de quelques biscuits. S'informer du tournage, connaître l'homme, surtout.

L'homme : Alexis Pirief, trente et un ans, célibataire. Sorti major de la Femis*.

Déjà quelques courts métrages pleins de promesses. Un jeune réalisateur qui, dans son premier long métrage, filme la femme avec une tendre intelligence.

La tendre intelligence, cette idée le charmait. Sa foulée lui sembla soudain plus légère ; il courait maintenant devant les imposantes villas des années folles, mais il n'y avait personne pour le regarder. Aux fenêtres de la grosse bâtisse blanche, peut-être ? Non, ces maisons n'étaient plus habitées que par des fantômes. Un siècle plus tôt, il y aurait eu là des

* La Femis (Fondation européenne pour les métiers de l'image et du son), située rue Francœur, à Paris, est la plus célèbre école française de cinéma.

familles d'armateurs havrais ou de filateurs roubaisiens et leur domesticité, on aurait reconnu le *sportsman*, le jeune maître du cinématographe, on l'aurait invité à prendre le thé. Alexis s'était toujours senti victime d'une erreur, il avait été déposé un peu trop tard dans un monde ingrat dont le seul intérêt était d'offrir de beaux sujets de films.

Il ne se sentait pas lié à son siècle, à ses idées éphémères, à ses parlers périssables, et se refusait à toute concession envers les unes et les autres. Alexis ne tenait pour défendables que les opinions débattues depuis plusieurs générations ; il s'exprimait dans un langage exempt de tout jeunisme, de tout emprunt au lexique des banlieues.

Réactionnaire ? lui demandait-on parfois, avec un intérêt alarmé. Mais il s'en défendait : être réactionnaire, c'était quand même galoper avec son temps, fût-ce sur un cheval fourbu. Il voulait, lui, ignorer son époque, la traverser par inadvertance, navré et résigné, tel un voyageur qui s'est trompé de TGV.

Tout cela n'était que posture et outrance, il le savait bien. Mais c'était ainsi qu'il aimait se voir. Peut-être même être vu.

Ce matin, Alexis Pirief courait donc seul dans son siècle, seul avec sa gloire et ses idées. Laquelle, déjà ? Ah ! oui, la tendre intelligence des femmes.

Non, c'était idiot : en France, l'intelligence était toujours suspecte.

L'homme amoureux des femmes, ce serait un meilleur thème. Il fallait quelqu'un pour le lancer.

Quelqu'un d'assez naïf pour être convaincu de l'avoir inventé, le sénateur-maire serait excellent dans ce rôle. L'homme amoureux des femmes, le concept plairait aux critiques. Le clin d'œil qu'ils placent dans chaque article, suffisamment plat pour ne pas devenir un cliché. Mais il y avait Clara. Comment jouer l'homme amoureux *des* femmes quand on vit depuis quatre ans avec Clara Deneyrac, vingt-huit ans, directrice dans une agence de publicité, célibataire, mère d'une petite Estelle, sept ans ? Certes, Estelle n'était pas la fille d'Alexis, certes ils ne partageaient pas le même appartement, et la vie avec Clara était tout en discontinuité : passion, crise, rupture, rabibochage, ils en étaient à leur troisième cycle. Un des charmes de leur vie de couple était la certitude paisible qu'elle s'achèverait par des valises qu'on ferait sans un pleur, par des adieux qu'on ne ferait même pas. Un autre charme, plus fascinant encore, était la certitude moins paisible qu'ils finiraient par se retrouver, piteux, pour reprendre la romance *da capo*. Comment expliquer cela au sénateur-maire ?

L'homme amoureux des femmes, c'était peut-être une autre fausse bonne idée ; le personnage du chic type, ce serait mieux. Le créateur sain qui fuit la drogue, qui ne boit pas – penser à ranger les bouteilles qui traînaient à la cuisine –, le gars qui court le matin, qui va bientôt se marier avec une jeune mère célibataire, qui aime la petite Estelle comme si elle était la chair de sa chair – faire quand même comprendre que ce n'est pas le cas. Il y avait là une vertu moderne, toute simple, qui plairait au sénateur-maire. Dans la presse féminine, ça marcherait très fort. Les autres médias suivraient pour ne pas paraître machistes. Oui, excellent. Il resterait évasif quant à la date du mariage.

Alexis avait atteint l'extrémité de la promenade des planches. Il poursuivit son effort jusqu'au pied de la longue côte de la Corniche, trotta quelques dizaines de mètres, et s'arrêta devant une baie vitrée pour contempler son reflet avec dépit : il plaisait aux femmes, il aurait aimé que son physique l'y aidât davantage. Il se trouvait svelte mais trop frêle, assez grand mais voûté – attitude qui lui semblait trahir une faiblesse de caractère. Son regard vert aurait dû séduire, s'il n'avait été errant, parfois fuyant, inapte à transmettre une émotion, une volonté. Son sourire pouvait être charmeur, tant qu'il gardait ses lèvres fermées sur ses trop grandes dents. Ses bras et ses mains l'embarrassaient et paraissaient toujours infirmer ses propos.

Sa seule fierté, c'était sa chevelure auburn en queue de cheval ; il la secoua pour en chasser les gouttelettes de sueur qui l'emperlaient, puis fit demi-tour. Habituellement, il courait jusqu'au sommet, mais aujourd'hui il aurait du mal à sourire si longtemps. Il repartit vers le centre-ville, soucieux : il tenait une occasion unique de faire comprendre à Jean Lemarin, en tête-à-tête, que sa *Zoubeida l'Africaine* n'était pas seulement très bien, mais meilleure, insurpassable. Comment ? Parmi les films présélectionnés, il y aurait bien sûr un palestinien, un iranien ou un irakien. Ils pouvaient présenter n'importe quoi, ceux-là, ils seraient toujours les plus dangereux.

Il fallait les disqualifier d'emblée dans l'esprit des jurés : un film sur la Palestine tourné par un Palestinien n'est pas un film tiers-mondiste, c'est un simple documentaire romancé, probablement nationaliste. Pour qu'un film soit tiers-mondiste, il faut que le regard soit porté *de l'extérieur.* Belle remarque, fielleuse, qu'il mettrait en exergue dans la présentation de son film.

La façon dont il allait exposer le pitch devait séduire les jurés : Zoubeida est tunisienne, elle travaille comme médecin en France dans un hôpital de banlieue crapoteuse. Son premier tiers-monde, c'est là, dans le neuf trois – en Basse-Normandie, ça pouvait encore amuser. Et Zoubeida tombe amoureuse d'un agent d'entretien malien en situation irrégulière ; elle l'épouse pour empêcher son expulsion. Peine perdue. Il l'emmène vivre à Bamako. Un monde normal pour lui, un monde *pis que tiers* pour elle.

Une œuvre *vraiment* tiers-mondiste, c'était l'insight qu'il fallait donner sur son film. Et le sénateur-maire serait le premier à s'emparer de l'idée et à la colporter. Alexis souriait de plus en plus.

Il remonta le quai et, en arrivant, jeta un coup d'œil au balcon, pour voir si Clara guettait sa venue... non, dommage. D'autant qu'il avait oublié le code de l'entrée. Il se campa au milieu de la rue et appela :

— Clara !

Vingt visages chafouins pointèrent aux fenêtres des appartements voisins. Ce devait être l'événement de la matinée pour ces villageois. Clara apparut enfin au balcon : elle portait maintenant une jupe de tennis et une étroite brassière assortie. Elle était toute indécence tranquille.

2. Échanges au filet

Lorsque Clara lui ouvrit, Alexis se demanda pourquoi il ne l'épousait pas, ça tenait à si peu. Peut-être parce qu'elle semblait en avoir envie, elle aussi. Il y avait encore d'autres détails tout bêtes : elle ne l'embrassait jamais quand il revenait, suant, de ses longues courses. Alexis aurait aimé ça, le baiser à l'athlète. Mais elle préférait attendre qu'il ait pris sa douche. Clara et ses blocages de vieille fille.

— Cinquante minutes pour tout le parcours jusqu'en haut de la côte et retour. Je ne l'ai jamais couru si vite, ça m'a donné des ailes cette histoire.

Clara se fit préciser *cette histoire* tandis qu'Alexis s'ébrouait dans la salle de bains. Elle se la fit à nouveau expliquer en partageant le petit déjeuner. Alexis aurait aimé d'abord revenir sur les cinquante minutes *côte comprise*, mais elle voulait aller à l'essentiel.

— Tu te fais peut-être des idées. Tu t'emballes un peu vite.

Elle avait toujours des phrases de mère. Voilà, c'était pour ça qu'Alexis ne l'épousait pas. Elle vivait sans folie, presque calmement, si l'on exceptait ses colères. Même ses colères étaient celles d'une mère excédée.

Déjà, elle desservait la table. Sa jupe de tennis était très courte, et sa brassière délicieusement moulante. Alexis la contemplait, songeur : le blanc lui allait bien, ce serait amusant qu'elle se marie ainsi vêtue. De belles photos de presse.

— Tu ne vas pas recevoir un sénateur-maire comme ça, en lui montrant tes fesses. Va mettre quelque chose de plus habillé. Je ne sais pas, moi, un pantalon, un chemisier.

Clara se départit de tout sourire. Alexis connaissait cette expression, annonciatrice de crise. Elle déclara calmement qu'elle montrait ses fesses à qui elle voulait, fût-ce à un sénateur-maire. Elle rappela qu'elle avait prévu de les montrer au tennis-club sur le court 7 à midi, en compagnie d'Alexis qui pourrait, s'il le souhaitait, exhiber ses jambes cagneuses. La voix avait légèrement monté :

— Et je te rappelle aussi qu'on s'était mis d'accord : cette semaine est à nous deux, juste à nous deux. Pas de pub et pas d'Estelle pour moi ; et toi, pas de Zoubeida ni de sénateur-maire. Tout ça, c'est pour la semaine prochaine.

Le timbre de Clara vibrait. Alexis était habitué à de tels excès. Il haïssait cette façon contractuelle de concevoir la vie à deux. Mais il fallait éviter tout éclat, Jean Lemarin allait arriver.

— Une heure, je te demande juste une heure cette semaine. Toute ma carrière peut en dépendre.

Elle était partie dans la chambre sans un plissement de front, sans une invective, une sale petite colère froide. Elle téléphonait à Estelle, Clara était trop collée à sa fille ; plus tard, quand il serait père, Alexis laisserait beaucoup plus d'indépendance à ses enfants, il en était certain. Il ouvrit son dossier Cinéma & Tiers Monde pour y jeter quelques notes. *Un vrai regard tiers-mondiste doit être porté de l'extérieur,* c'était très fort. Il aurait aimé en parler à Clara, mais elle n'attendait que ça pour exploser.

Il chercha dans ses souvenirs littéraires un personnage volcanique auquel il aurait pu la comparer. *Tu es comme...* Emma Bovary, peut-être, il n'en était pas sûr. Il fallait un personnage peu connu, si possible inconnu, Anastasia dans *L'Idiot,* la littérature russe, c'était parfait, Clara était cultivée, mais moins que lui. Il aimait le lui rappeler à petits coups de fleuret.

On sonna à dix heures trente : la politesse des seigneurs.

Mais le seigneur était décevant ; c'était un grand ahuri frisé d'environ vingt-cinq ans. On sentait qu'il y avait beaucoup de recherche dans son ahurissement.

— Mais vous n'êtes pas Jean Lemarin !

— Jean ? Presque : je suis Jean-*Guy* Lemarin, son fils.

Il était trop tard, le fils du père était entré et s'était installé. Non, ce n'était pas un malentendu, oui c'était bien avec lui qu'Alexis avait rendez-vous, oui, le film d'Alexis...

— Mais la secrétaire de votre père...

— C'est aussi un peu la mienne. Elle a dû se

présenter comme la secrétaire de Jean Lemarin, et elle a pris un rendez-vous pour Jean-*Guy* Lemarin, c'est vous qui avez dû faire la confusion…

On devinait chez le gandin une longue expérience dans l'art de s'imposer comme indésirable. Déjà, Jean-Guy avait expliqué à Alexis qu'il avait remarqué sur le bureau de son père les dossiers sélectionnés pour le festival. Il avait trouvé celui de *Zoubeida l'Africaine* très attachant.

— Très attachant, répéta-t-il lentement, comme s'il eût attendu quelque gratitude d'un tel éloge.

La porte de la chambre s'ouvrit : Clara s'était affublée de mocassins, d'un pantalon gris, d'un chemisier rose et d'un petit sourire poli. Alexis fit les présentations, Clara une copine, Jean-*Guy* Lemarin le fils du sénateur-maire. Clara adressa à Alexis un énorme sourire, plus du tout commercial. Elle ne riait même pas, elle se marrait.

— Et alors, que puis-je pour vous ? demanda Alexis.

L'intrus était lancé : il animait un ciné-club de détenus, celui de la prison centrale de Caen. Il proposait à Alexis d'y passer son film en avant-première avec débat, avant le festival. Il parlait avec la voix joyeuse d'une téléopératrice vous apprenant que votre nom a été tiré au sort par l'ordinateur.

C'était absurde, il n'était pas question de déflorer *Zoubeida*, l'œuvre de sa vie, pour meubler les loisirs de trafiquants de drogue ou d'assassins de vieilles dames, mais Alexis préféra le dire plus gentiment :

— Désolé, *non possumus*. Vous connaissez le sujet de mon film ? Une histoire de Tunisienne vivant en France, qui part en Afrique avec un Malien qu'on expulse. Aucun intérêt pour des prisonniers. Ce qu'il faut à votre public, c'est de l'action ou de la rigolade.

— Pas d'accord. Une prison, c'est le tiers-monde. N'ayons pas peur de le dire, on doit y croiser autant d'Arabes et de Noirs que dans votre *Zoubeida*. Ils seront contents de voir enfin un film où l'on parle d'eux.

Sale type. Il avait dit ça avec un petit ton perfide, presque insolent. La remarque était piégeuse, et Alexis ne voyait pas comment s'en échapper. Toute réponse était forcément maladroite.

Il fut tenté d'objecter que le film était trop intelligent, trop féministe. Mais cela pouvait être rapporté à papa.

— Bon, je vais réfléchir. Pourquoi pas…

C'était une des phrases fétiches d'Alexis. Il fallait bien articuler le *pourquoi pas*, en hochant gravement la tête. Cela permettait d'échapper aux importuns qui hantaient le monde du cinéma. Ou à Clara chaque fois qu'il n'osait pas lui dire non.

— Tu as vu l'heure, Clara ? Tu devrais te mettre en tenue de tennis, on ne va pas tarder à filer.

Clara s'en fut sans même étouffer son gros rire méchant. Alexis se leva, l'entretien était terminé. Mais l'ahuri resta assis. C'était un importun exceptionnellement doué.

— Oui, réfléchissez. Un peu de prospective,

imaginez l'impact que pourrait avoir dans le *booklet* de candidature un feuillet qui...

Et Jean-Guy enchaîna superbement la *preview* en milieu carcéral, le ressenti très vrai, la population interpellée au niveau de son vécu, les jurés que ça allait prendre aux tripes. Pour un jeune provincial, il parlait jargonmédia très couramment, avec un excellent vocabulaire.

— Pourquoi pas... Je vais réfléchir. Pourquoi pas...

Mais Alexis avait mal phrasé son second pourquoi pas. Pas assez de nuance d'espoir. L'autre para la feinte et lui laissa une carte de visite :

— D'accord, mais si la réponse devait être non, il faut que vous me le disiez avant quatorze heures. Dans ce cas, je demanderai à Daddy de me conseiller un autre film. Si la réponse est oui, dites-le-moi aussi pour que j'aie le temps de poser une affichette sur le panneau culturel de la centrale.

Daddy, le connard. Il était en plus le fils d'un daddy. Alexis fut soulagé de le voir disparaître.

— Ha, ha, le sénateur-maire !

Avant leur départ pour le tennis-club, Alexis avait décapoté la Golf de Clara. Il avait espéré que le vent giflerait sa conductrice, l'obligerait à se taire, ou à parler en phrases courtes, mais c'était un échec : cinq mots suffisaient à Clara pour faire mal. D'autant plus qu'elle les répétait, avec une joie mauvaise.

— Ha, ha, le sénateur-maire !

— Ça va, j'ai compris.

Elle s'était arrêtée devant une boutique, pour retirer la grande photo qu'ils avaient commandée : elle et lui sur les planches, dos à la mer, une belle image cadrée par un passant obligeant, trois jours plus tôt. L'époque du bonheur. Jamais un photographe de plateau n'aurait pu saisir une émotion si simple, maintenant lointaine, presque une vie antérieure.

Et Alexis se demandait ce qu'il ferait au prochain *ha, ha, le sénateur-maire*. Si Clara s'était tue, il aurait été le premier à se gausser de sa déconvenue ; mais il ne voulait pas lui laisser le beau rôle.

Elle jeta la grande enveloppe sur la banquette arrière, sans un mot. Ils étaient repartis, et Alexis attendait.

— Ha, ha…

C'était à lui :

— Peut-être que le sénateur-maire ne peut pas venir lui-même me voir, ce serait trop gros : il a envoyé son fils en poisson pilote, la projection, c'est un alibi. Je ne serais pas surpris que son daddy soit demain soir au ciné-club, juste à côté de moi.

Il observait la scène comme s'il la filmait : Clara au volant, lui, impassible, à son côté. Le dialogue allait monter en puissance.

— Comment, à côté de toi ? Mais tu vas dire non, Alexis ! On était bien d'accord, c'est notre semaine. De toute façon, nos places pour le concert de guitare et violoncelle, c'est demain soir.

Dialogue encore un peu flottant. Mais elle allait exploser à la prochaine réplique, et lui resterait calme, gentil. Un beau contraste.

— Ah, Clara, ne sois pas comme ça, possessive...

— Possessive! Putain, moi, possessive? C'est toi qui veux tout: Zoubeida l'Africaine et Clara la conne! Clara la conne et, en prime, Clara la coach, Clara la grande sœur, Clara la bonniche, Clara la baise-moi et Clara la nounou!

Elle improvisait, elle était formidable dans les scènes de colère. Et lui, toujours très calme. Il avait préparé son texte, les mots, même le merde, les chiffres, lui aussi était parfait:

— Enfin, merde! Cette projection, c'est une petite chance de plus pour que mon film soit primé. Une chance sur dix, mais je la prends, comme chaque fois. Dix fois une chance sur dix, ça fait dix chances sur dix que ça marche.

— Non! En proba, dix fois une chance sur dix, ça fait un peu moins de sept sur dix.

Clara devait avoir appris ça à HEC, on accumulait les connaissances inutiles dans cette école ; cela donnait des répliques de fin qui vous gâchaient les plus belles scènes.

Elle le battit 6/2, 6/0. D'habitude, elle lui laissait l'avant-dernier jeu. Alexis décida alors de se rendre à cette projection.

3. Le plaisir d'accueillir ce soir

La salle était belle, sans doute récemment refaite, mais elle sentait déjà mauvais : les corps qui se lassent, les pieds qui s'ennuient, les cavités qui travaillent. Et Alexis pensa qu'il n'avait pas donné suffisamment d'importance aux odeurs dans son film. Mais comment filmer les odeurs ?

Alexis s'accrochait à cette question pour oublier sa mauvaise humeur. Il n'y avait bien sûr pas de sénateur-maire : assis au premier rang, Alexis était encadré à gauche par Jean-Guy, à droite par le directeur de la prison.

Celui-ci s'était levé pour quelques banalités de bienvenue :

— Quand notre ami Jean-Guy a demandé à Alexis Pirief de bien vouloir présenter son film…

Alexis s'était alors dressé, plein de bonhomie, il était excellent dans ce genre de réplique :

— Oh, je n'ai pas *bien voulu*, j'étais enchanté : c'est même moi qui lui ai proposé cette rencontre.

Même pas crédible. Alexis s'était rassis furieux, il s'était comporté en imbécile. C'était plus fort que lui, Alexis aimait ces petits mensonges aussi vénaux qu'inutiles. Il fallait ne plus dire un mot, laisser bavasser le directeur qui, à court de clichés, passait enfin la parole à Jean-Guy ; il ne fallait plus penser qu'aux odeurs.

L'assemblée était hélas telle qu'il l'avait imaginée. Il ne voulait pas les voir, ces gens-là n'étaient que des odeurs. Et c'était devant eux qu'il allait présenter son film. Ils avaient le droit d'exister, bien sûr. Mais de là à voir en avant-première un film d'Alexis Pirief, à donner leur avis, c'était un abus d'existence.

Jean-Guy avait terminé son nous-avons-le-plaisir-d'accueillir-ce-soir, et la projection avait commencé, dans une simple pénombre pour raisons de sécurité. Alexis reconnut alors son erreur : ce public n'était pas des odeurs, c'était du bruit. Du bruit de soirée de boxe. Ils avaient besoin de prendre fait et cause et de le faire savoir. Pour qui, à qui ? C'était plus compliqué qu'une soirée de boxe, car ils changeaient tout le temps de champion : ils étaient avec Zoubeida oueeeeeeh quand elle disait son fait à un flic, à son chef de service, ils étaient contre elle chaque fois qu'elle clouait le bec à certains patients de son hôpital de banlieue houhouououou. Ne pouvaient-ils donc pas se taire ? Le public commença à se diviser dès que Zoubeida rencontra son Malien. Nord du Sahara contre le Sud. Il se réconcilia quand Zoubeida se dénuda pour la première fois dans le meublé de son amant, et toutes les suggestions hurlées par la salle auraient ouvert de brûlants horizons à un réalisateur de films X.

— Vous voyez, ils entrent à fond dans votre film.

C'est un public spontané, très réactif, chuchota Jean-Guy.

Alexis ne voulait pas qu'on entre dans son film. Il voulait fuir très vite la condition carcérale, il ne voulait pas lancer-avec-eux-un-débat-qui-promet-d'être-riche. Il pouvait prévoir toutes leurs questions… Est-ce que votre film va bientôt passer à la télé ? Combien ça gagne une actrice comme celle du film ? L'histoire, elle est vraiment arrivée ? C'est exprès qu'il y a si peu d'action ? Pourquoi vous n'avez pas mis d'effets spéciaux ? Il y a des acteurs qui sont vos amis ? Et à la télé, qui vous connaissez ?

Il y aurait ensuite la série des pourquoi, ils allaient avoir plein d'autres idées de scénario, et pourquoi vous avez pas fait que, ce qui faudrait c'est que Zoubeida elle…

La salle se ralluma, et toutes ces questions lui furent posées, presque dans l'ordre. On arriva très vite à la télévision, on ne voulait plus parler que de ça. On, c'était désormais des visages, et Alexis était obligé de les regarder. Il était debout, au premier rang, face au public. Il essayait de fixer les prisonniers droit dans les yeux, comme s'ils étaient de simples statues. Mais ça ne marchait pas, ils étaient trop agités pour des statues, ils parlaient entre eux, interrompaient, lançaient des réponses sans écouter celles du réalisateur.

Alexis montra discrètement l'heure à Jean-Guy : le passionnant débat pouvait décemment prendre fin.

Ce fut alors qu'un petit homme se dressa au fond de la salle. Il avait, en un bon élève, levé le doigt, mais les spectateurs ne l'avaient pas remarqué, trop occupés à leurs jacassaries.

— Silence ! gronda le bon élève.

La salle n'obtempérait pas ; il força un peu la voix :

— Silence ! *Sektou allya !*

Ce devait être de l'arabe. Pourtant, l'individu ne paraissait pas arabe. Méditerranéen, mais pas arabe ; une peau mate, une chevelure corbeau, des sourcils touffus. Un regard lourd, qui clouait plus qu'il ne fixait. Un menton de dirigeant, un torse large qui pesait sur des jambes courtaudes.

L'effet fut immédiat. L'homme poursuivit dans un silence déférent :

— D'abord, je veux vous dire que c'est bien, vous filmez de façon très exacte. Toutes les séquences à Tunis, par exemple, c'est du cinéma exact. J'y ai vécu, c'est comme ça.

Exact ! Du cinéma exact ! Avec cet adjectif, le petit bonhomme – peut-être arabe, finalement – lui avait sauvé sa soirée. Alexis le replacerait au moment de la remise de la Pomme d'or : *« J'ai voulu faire un film exact… »*

La salle resta silencieuse tandis que l'homme continuait :

— Je voudrais savoir comment vous choisissez vos sujets de films pour faire comme ça du cinéma exact.

C'était la première question intelligente de la soirée, et Alexis en fut désemparé, il ne savait comment la traiter. Il fit alors comme il en avait l'habitude dans ces situations : improviser, répondre n'importe quoi avec conviction, se laisser porter par une belle phrase, un peu chic.

— On ne choisit pas un sujet de film, c'est lui qui vous choisit, il faut faire confiance au destin. Un bon sujet de film, ça vous tombe dessus, au hasard d'une lecture, d'une rencontre, puis ça ne vous lâche plus. Alors, on décide de tourner le film quand ça devient intenable. Mais on a beau faire, il reste là à vous surveiller, au creux de votre épaule, il vous empêche de tricher avec la réalité. La vraie beauté d'un film est dans son exactitude.

Alexis était un peu gêné. Il aurait pu répondre exactement le contraire, ça ne lui paraissait pas important. Mais l'homme au fond de la salle le fixait de plus en plus intensément, et semblait bouleversé. Alexis sentit un vague besoin de se désengager :

— Moi, en tout cas, c'est comme ça que je fais. Mais il y a des réalisateurs très estimables qui pensent autrement. Je vous ai bien répondu ?

L'homme ouvrit brièvement la bouche, jeta un bref regard circulaire sur le public et se tut. Comme si la conversation eût été trop importante pour être poursuivie devant ce parterre agité. Le silence se prolongea quelques secondes, il devenait interminable, presque ridicule.

Jean-Guy lui chuchota, avec un vibrato de fierté :

— Ce gars, ici, c'est le caïd. Un drôle de type. Un cinéphile.

Le directeur de la prison vint se camper au premier rang, débita quelques compliments usés, et annonça la fin de la séance. Les gardiens se tenaient devant la porte et contrôlaient l'évacuation. Mais, adossé au mur du fond, indifférent aux mouvements de foule, le caïd cinéphile, immobile, continuait à fixer Alexis. Il semblait vouloir l'attirer du regard. Amusé, Alexis s'approcha, et l'homme lui dit doucement :

— Revenez me voir demain matin, j'ai un truc intéressant à vous raconter.

— Eh bien, dites-moi ça maintenant, ce sera plus simple.

— Non, demain matin. Dites que vous venez me proposer un boulot pour après ma libération.

Il y avait dans ce petit bonhomme une formidable autorité qu'Alexis lui envia : ce type n'était qu'un prisonnier, et il ne semblait même pas envisager de refus à cette convocation. Alexis le vit se diriger vers le directeur qui, au premier rang, devisait avec Jean-Guy :

— S'il vous plaît, il y a monsieur Pirief qui veut revenir me voir demain pour me proposer un travail quand je sortirai en septembre. Vous pourriez lui arranger les choses, pour le droit de visite ?

— Un travail ? Dans le cinéma ? demanda à Alexis le directeur, radieux.

Voir un détenu faire carrière dans le cinéma, grâce à lui, grâce à sa politique d'animation culturelle, ce devait être l'apothéose de toute cette vie de fonctionnaire : Alexis ne résista pas à un accès de bonté et hocha la tête.

— Bon, pour vous, on va faire une entorse au règlement : je laisserai un mot au contrôle. Vous, monsieur Pirief, pour la forme, vous allez me remplir le formulaire et me laisser une petite lettre. Précisez bien qu'il s'agit de proposer un travail au détenu, répondit le directeur.

Le cinéphile salua Alexis d'un mouvement de main et rejoignit la file des prisonniers qui gagnaient la sortie sous l'œil du gardien.

Alexis le héla juste avant qu'il ne disparaisse :

— Hé, revenez !

Le détenu revint, souriant, tel un écolier docile.

— Vous ne m'avez pas dit votre nom.

L'homme lâcha un *Samiradji* qui claquait comme un juron.

— Samiradji ? Samir Hadji ? Samir, le prénom… musulman ?

Dès qu'il partait sur ce terrain, Alexis se sentait toujours maladroit. Peut-être même avait-il gaffé en aspirant trop fortement le *h* de Hadji.

— Non, le prénom c'est Sammy, avec deux *m*, et Raggi, c'est le nom avec deux *g*.

Sammy Raggi rejoignit les rangs, et Alexis se rendit compte qu'il n'avait pas eu le temps de refuser.

Il aurait dû rentrer furieux de se faire ainsi mander comme un gamin, mais la situation l'excitait. L'idée de rencontrer en tête-à-tête un caïd du milieu lui paraissait porteuse de magnifiques ennuis. Il se voyait raconter cela à Clara.

Il ne le lui raconta pas : dans l'appartement de Trouville, il n'y avait plus de Clara. Plus de traces de Clara, plus rien : elle avait fait ses valises.

Pour mieux affirmer que cet adieu était le dernier, elle avait laissé au centre de la table un cadeau, elle qui n'en faisait jamais. Une bouteille de calvados, sur un curieux dessous-de-bouteille : le grand tirage photo de la veille. Mais ils ne posaient plus ensemble, la photo avait été déchirée en deux, Clara n'avait laissé que la moitié d'Alexis. C'était une idée simple et vulgaire, du pur Clara.

Alexis se tenait à l'écart de la drogue ; il avait tâté de tout, brins, feuilles, poudres et cachets, et était revenu de tout, écœuré de ces lamentables voyages. Les alcools lui paraissaient plus estimables. Dès qu'un malheur s'abattait sur lui, Alexis buvait. Non pour oublier l'adversité, mais pour la considérer avec plus de douceur, enveloppée d'un voile de gaze. Quand les vapeurs éthyliques se dissipaient, l'intruse était toujours là, plus brutale encore, mais Alexis n'en avait plus peur, il s'était habitué à sa présence.

Il ouvrit la bouteille, une rareté, un calvados blanc de Dives. Et, tout en écrivant à Clara une lettre dont il savait qu'il ne la posterait jamais, il but.

4. *Retour en prison*

Alexis patientait avec peu d'enthousiasme devant la porte de la Centrale. La fraîcheur matinale l'avait dessaoulé, mais il était encore abattu par une pesante fureur contre Clara. Ce départ n'était qu'un mouvement d'humeur qu'elle regrettait déjà, Alexis en était certain : il était tenté de faire le premier pas vers l'inéluctable réconciliation qu'il fallait faciliter, car Clara était orgueilleuse. En attendant, ce départ avait privé Alexis du plaisir de lui raconter cette rencontre avec Sammy Raggi. Et cela, il avait du mal à le pardonner.

Autour de lui, beaucoup de femmes et quelques hommes poireautaient en le regardant avec bienveillance ; des visiteurs comme lui. Il était nouveau ici, on n'allait pas tarder à entamer la conversation. Alexis ne souhaitait pas se trouver mêlé à cette misère.

Il s'écarta et composa sur son portable le numéro de Clara. Il allait bredouiller de vagues mots de regret, elle en ferait autant, la séparation avait assez duré. On décrocha, c'était Estelle.

— C'est Alexis, ta maman est là ?

— Elle est à la salle de bains, je vais la chercher.

Il entendit des légers bips. Estelle terminait un jeu vidéo sur sa console. Un truc horripilant que Clara avait la faiblesse de tolérer. Il fut tenté de presser Estelle, mais n'osa pas se fâcher avec le petit messager. Les bips cessèrent, il entendit au loin des voix, des pas qui revenaient :

— Maman ne veut pas te parler. Elle a dit que tu pouvais aller te faire.

— Me faire ? Elle a dit d'aller *me faire ?* Me faire quoi ?

— Je ne sais pas, je n'ai pas demandé, j'ai pensé que tu savais.

Elle raccrocha juste avant lui. Cette pécore était insupportable. Il ne supportait pas qu'une gamine de sept ans puisse l'envoyer se faire. S'il avait pu parler directement à Clara tout se serait arrangé. La petite constituerait toujours un obstacle entre sa mère et Alexis. Quand ils se seraient réconciliés, Alexis pousserait Clara à mettre Estelle en pension, cette complicité entre mère et fille avait quelque chose de malsain.

Il s'était laissé aller à crier au téléphone : ses voisines dans la queue le fixaient avec une compassion différente, presque amusée. Alexis chercha qui appeler au téléphone pour se donner une contenance, mais il n'en eut pas le temps : on avait appelé, un gardien attendait devant la porte.

— Alors, ça n'a pas été trop compliqué, les formalités ?

Plus tard, Alexis fut incapable de se souvenir du décor de cette rencontre. Sammy avait une telle présence qu'il faisait le vide autour de lui, et il salua son visiteur avec un sourire auquel se mêlait un soupçon d'indulgence :

— Vous avez eu de la chance, on vous a facilité les choses.

Alexis ne connaissait pas encore Sammy, mais il venait de découvrir l'un de ses principaux traits de caractère : une formidable capacité à retourner les situations en sa faveur. Il n'y avait même pas d'habileté, c'était mené avec naturel. Alexis ne voulut pas le recadrer, il se contenta de le vexer :

— Je suis désolé pour hier soir, votre nom, j'avais cru que c'était un nom… arabe. J'espère que…

— Il n'y a pas de quoi être désolé.

Sammy avait dit ça d'un ton moralisateur, et Alexis se sentit encore plus penaud. Il fallait reprendre le dessus :

— Alors, vous aviez des choses intéressantes à me dire, c'est à propos de mon film, je suppose.

Sammy secoua la tête, très horizontalement.

— Non, je vous ai déjà dit ce que je pense de votre film, j'en pense du bien.

— Et alors, de quoi voulez-vous me parler ?

— De votre *prochain* film. C'était très intéressant, vos explications sur votre façon de chercher un bon sujet.

Sammy plongea son regard dans celui d'Alexis, comme s'il voulait obtenir son adhésion avant même d'avoir parlé. Des mois, des années plus tard, Alexis allait se souvenir des intonations appuyées avec lesquelles le malfrat annonça :

— Je suis *un bon sujet*. Je voudrais que vous fassiez un film sur moi. *Sur ma vie*. Je voudrais que vous la racontiez de *façon très exacte*.

Il s'exprimait avec un vocabulaire précis, une grammaire correcte, c'était curieux pour un truand.

À l'évidence, l'homme avait préparé toute la nuit son exposé d'étudiant appliqué. Mais deux détails clochaient : il ne cherchait pas à convaincre. Il glissait simplement les précisions qu'il jugeait utiles ; la conviction, il la considérait acquise. Et quand il parlait de lui-même, c'était avec un étrange détachement, une sorte d'objectivité, comme si les qualités décrites n'étaient que faits constatés.

— J'ai vécu toute mon enfance à Tunis, élevé dans trois religions : ma nounou était musulmane, ma mère juive, mon père corse.

— Corse ? Mais ce n'est pas une religion, corse !

— On voit que vous ne l'avez jamais pratiquée.

Il avait dit ça avec le bon sourire de celui qui n'a pas seulement prévu les réponses, mais la façon de faire poser les questions. Et déjà, il débitait ses lieux communs sous le regard d'Alexis consterné : ce Sammy Raggi était une *fashion victim*, un pur produit de toute l'idéologie médiatique. Un parcours irréprochable de solide truand, malgré une origine défavorisée :

— Mon père était le chauffeur de l'ambassadeur de France à Tunis, et ma mère enseignante au lycée français.

— Ah, c'est…

— C'est quoi ?

Alexis se tut. C'était peut-être vexant de complimenter un malfrat sur son langage. Il hésita à s'étonner du mariage des deux professions, mais il n'eut pas à le faire, déjà Sammy avait poursuivi :

— Je sais, ça surprend, mais c'était là-bas qu'ils s'étaient connus, et là-bas… enfin ! J'ai surtout été élevé par ma nounou, je jouais avec ses enfants. C'est avec eux que j'ai appris l'arabe, celui de la rue.

Sammy Raggi respira, et reprit son élan pour conclure :

— J'ai été très marqué par cette enfance *au carrefour des cultures.*

Il sembla guetter un compliment pour la jolie phrase, mais rien ne vint. Il tenta une surenchère :

— Et je parle assez bien l'anglais, celui des affaires, je l'ai appris un peu à l'école et beaucoup tout seul.

Comme Alexis restait de marbre, Sammy le fixa, déçu. Il hésita quelques secondes avant de s'étonner :

— Vous ne prenez pas de notes ? Je pensais que, dans un métier comme le vôtre, on prenait toujours des notes. C'est un sujet de film que je suis en train de vous donner.

Alexis ne répondit pas. Ce type était d'un aplomb incroyable. Il était intéressant, mais de façon anecdotique, sans plus : ce serait une histoire amusante à raconter dans les dîners. Alexis ne voulait pas laisser place au malentendu, il devait très vite mettre fin aux illusions de Sammy, ne pas céder à son emprise. Mais le regard était si noir, si impérieux qu'Alexis manqua de courage : il arracha quelques pages vierges de son agenda et nota.

— Quand ma mère est morte, j'avais dix ans, et mon père cinquante. Il a préféré rentrer en France, il voulait changer de décor. Le pauvre, il n'a trouvé qu'un travail de vigile dans un hypermarché de grande banlieue, et c'est alors que, livré à moi-même, j'ai commencé à perdre pied.

Livré à moi-même, perdre pied, il se croyait aux flags tentant d'apitoyer le juge. Alexis, agacé, attendait que Sammy en finisse avec sa lamentable carrière, soit coffré pour dix ans, hop, au trou, mon vieux, et le laisse repartir pour Trouville. Mais Sammy avait abattu une nouvelle carte :

— J'ai commencé par des petits casses, puis je me suis spécialisé dans la joaillerie. C'est un bon créneau, pas trop occupé par la concurrence. Il y a bien des amateurs qui se laissent tenter, mais ils y perdent leur chemise : la marchandise leur reste sur les bras, ils sont obligés de la brader. Moi, je travaille à l'international, j'écoule mes stocks à Amsterdam : vous comprenez, avec mon anglais d'affaires, ce n'est pas un problème…

Il attendait un haussement de sourcils admiratif devant ce langage managérial, mais rien ne vint, Alexis y veillait. Il fallait rester froid, définitivement extérieur à ce destin foireux.

— Normalement, je ne tue jamais. La dernière fois, il y a eu mort d'homme, mais c'était un accident. J'en ai pris pour sept ans, parce que j'avais un bon avocat. Il faut toujours investir dans de bons avocats, c'est rentable.

Alexis hocha la tête, le plus distraitement possible. Alors Sammy joua son dernier atout :

— Le truc qui va vous intéresser – je suis connu pour ça –, c'est qu'en souvenir de mon enfance, je travaille toujours en équipe avec trois hommes : chaque fois un juif, un Corse et un arabe.

Il avait ponctué ça d'un sourire militant, comme à la fin d'une interview télévisée. Une si jolie déclaration. Et il semblait attendre l'autre sourire, celui du présentateur du 20 heures qui se doit alors de conclure d'une brève mimique approbative, comme si la caméra l'attrapait par surprise, un émouvant reportage qui donne confiance en l'avenir de l'homme, n'est-ce pas !

Alexis s'efforça d'afficher un visage le plus inexpressif possible.

— Et alors, reprit Sammy, qu'en dites-vous ? Une belle histoire, non ?

— Une belle histoire, mais, telle quelle, certainement pas un beau film.

Alexis regretta aussitôt ce *telle quelle* qui offrait un entrebâillement à l'espérance. Trop tard, Sammy s'y était glissé :

— Qu'est-ce qui manque pour faire un beau film ?

— Mais tout ! Tout ce qui fait un beau film. Il y a une enfance, des complices, des casses et de la taule, mais ça ne suffit pas. Il faut des faits marquants. Sans faits marquants, pas de scénario. Et sans scénario, pas de financement, vous comprenez ?

— Non, pas vraiment, mais ce n'est pas grave. Si on met ces problèmes à part, il y a quand même la matière pour un beau film. Ne dites pas non tout de suite, je vous demande juste de réfléchir.

— Bon, je vais réfléchir. Pourquoi pas…

En glissant sa phrase doudou, Alexis se sentit soudain rassuré, il redevenait lui-même, il était pressé de s'enfuir, comme il le faisait devant toute difficulté. Il se permit même une gentillesse finale :

— Laissez-moi votre numéro de portable, je vous appellerai si un jour j'ai besoin d'un conseiller technique pour un film sur le milieu.

Sammy fit remarquer que les portables étaient interdits en prison : quand il en sortirait, il appellerait pour le lui donner. Il demanda celui d'Alexis qui, ne pouvant refuser, sortit de sa poche une carte de visite.

— En attendant, quand est-ce qu'on se revoit ? relança Sammy.

— Ça me paraît difficile, je ne suis pas d'ici, j'habite Paris.

Et comme Sammy ne semblait pas trouver l'alibi suffisant, Alexis ajouta, en tendant sa carte :

— Près de la Bastille. Rien que pour traverser Paris, j'en ai déjà pour une heure. Alors, un voyage à Caen, vous comprenez…

Sammy hocha la tête, déçu.

En sortant de la prison, Alexis eut l'impression de sortir de prison.

5. *Jour de gloire*

Une fois revenu à Trouville, Alexis se dépêcha d'oublier cette rencontre. Il vivait tourné vers l'avenir ; toutes les expériences négatives, tous les échecs étaient vite floutés puis effacés. Ou recomposés. Il se consacra à rédiger l'addendum qu'il fit glisser dans le dossier du film. « Dernière minute : quelques jours avant le festival, Alexis Pirief a accepté de présenter *Zoubeida l'Africaine* en avant-première au ciné-club de la Centrale de Caen et y a reçu un accueil enthousiaste. À tel point qu'un détenu a supplié le réalisateur de revenir le lendemain pour continuer à lui en parler en entretien privé. »

Il avait hésité à mentionner que le ciné-club était animé par Jean-Guy Lemarin, juste le nom sans mentionner la filiation, puis il avait jugé préférable de confier cette information au bouche à oreille, avec le concours de journalistes amis.

Il ne lui restait plus qu'à attendre.

L'ouverture du festival, la projection, la conférence de presse, les quelques interviews, il s'en acquitta avec une sérénité de bon élève : ce qui l'intéressait, c'était la soirée de clôture, la proclamation des résultats.

Lorsque s'ouvrit la cérémonie, il se hâta d'occuper une place aux premiers rangs, sans attendre l'arrivée d'Adam Roumana, son producteur. Quand son film serait couronné, Alexis aurait ainsi le plaisir de monter seul sur scène, puis d'appeler le reste de l'équipe.

Les petits prix furent distribués dans un esprit de parité à tous les continents, presque à tous les pays.

Peu lui importait, on avait gardé le dessert pour la fin. C'était maintenant :

— Et la Pomme d'or est attribuée à…

Alexis se mouilla les lèvres, racla brièvement sa gorge, se répéta une dernière fois les quelques mots qu'il improviserait au micro.

— … à *Karachi-Berlin, vol annulé*. J'invite le réalisateur Werner Schweinsteiger à venir…

Le film allemand ! Qu'est-ce qu'un film allemand venait faire dans un festival Cinéma et Tiers Monde !

Il fallait vite oublier tout cela, rebondir. Mais Alexis ne voyait pas comment. Deux heures plus tard, il voyait encore moins, il était ivre. Ivre et seul : Adam Roumana l'avait sèchement salué avant de repartir.

Au début du cocktail de clôture, on l'évitait car il avait perdu. On esquissait un sourire de tueur quand on le croisait, et on filait vers un autre groupe. Tout cela sentait le coup tordu, la manœuvre de cabinet noir. On lui avait volé sa Pomme d'or, on craignait qu'il ne vînt la réclamer.

Quelques coupes de champagne plus tard, tout était redevenu normal : on l'évitait car il titubait. Alexis s'en trouvait rassuré, comme un enfant qui se griffe pour ne plus penser à son mal de dents.

Enfin vint quelqu'un qui ne le fuyait pas. Quelqu'un d'apparemment aussi ivre que lui : Philippe Gassier s'avança à sa rencontre, d'un pas trop rectiligne. Les deux hommes avaient entretenu une relation de molle amitié alors qu'ils étaient étudiants à la Femis. Philippe, à l'époque, avait déjà ce pathétique souci de dignité, cette démarche de porte-drapeau dès qu'il était saoul. Il n'assumait pas, il n'avait jamais rien assumé, pas même son physique de notaire, son crâne bientôt chauve, son ventre flottant, sa peau fatiguée, son regard de vieille chose débonnaire.

— Salut, Philippe, tu n'as pas changé, dit cruellement Alexis.

Ils échangèrent quelques propos grisés, quelques phrases incertaines qui se voulaient légères. Philippe avoua qu'il était venu pour rencontrer un producteur intéressé par un projet de film, mais qui ne l'était plus. Et Alexis avoua qu'il était venu contre son gré, à la prière instante d'Adam Roumana, au cas où *Zoubeida* aurait décroché un prix, mais lui, Alexis, ne s'était jamais fait la moindre illusion, son film ne faisait pas de racolage tiers-mondiste.

Le temps des aveux passé, ils ne surent plus de quoi parler ; c'était pareil chaque fois qu'ils se croisaient, tant ils craignaient de tomber dans les lieux communs. Ils se contentèrent de dire du mal des producteurs, seul leitmotiv acceptable entre honnêtes gens de cinéma.

— Monsieur Pirief, je souhaiterais vous parler en particulier.

Alexis pivota et découvrit le sénateur-maire Jean Lemarin. Le président du festival avait l'air ennuyé du professeur qui va tancer un bon élément ; il l'entraîna à l'écart.

— Je voulais juste vous dire que j'ai trouvé votre film excellent, et la majorité des jurés étaient de mon avis.

Alexis, se sentant trop saoul pour répondre, se contenta de lever le sourcil en une interrogation polie.

— Si vous n'aviez pas fait preuve de tant de maladresse, la Pomme d'or vous était acquise, mon vieux.

Mon vieux. Alexis était donc tellement perdant qu'on pouvait l'appeler *mon vieux* ? Quelle horreur ! Et Lemarin poursuivait :

— Vous vous êtes mis tout le monde à dos avec cette histoire d'avant-première devant un public de taulards. Vous nous prenez pour des provinciaux ? Et pourquoi pas dans une léproserie de Bombay, hein, tant qu'à jouer les démagogues ?

Remarquant Philippe qui, de loin, observait la scène, Alexis s'efforça de sourire comme s'il recevait un compliment. Lemarin en sembla surpris :

— Ça vous amuse ? Tant mieux pour vous. Moi, par contre, ce qui ne m'a pas amusé, mais alors pas du tout, c'est que vous ayez essayé de mêler mon fils à vos combines. Jean-Guy est un idéaliste, il n'a rien vu de vos grandes manœuvres. Vous pensiez que ça allait influencer les jurés ? Eh bien oui, ça les a influencés ! Quand les journalistes leur ont signalé que, comme par hasard, le ciné-club que vous aviez choisi était celui du fils du président du festival, ils ont cru que nous voulions leur mettre la pression, vous et moi. Alors, vous imaginez…

Alexis ne sut jamais ce qu'il devait imaginer. Il avait tourné les talons et était reparti vers le buffet – double, le scotch, sans glaçons, merci –, puis vers Philippe.

— Qu'est-ce qu'il te voulait, le sénateur-maire ?

— Il voulait me dire tout le bien qu'il avait pensé de mon film, comme les jurés, d'ailleurs. Il était désolé. Si je n'ai pas obtenu la Pomme d'or, c'est uniquement pour raisons politiques : l'an dernier, ils l'avaient déjà donnée à un film français, cette année, il fallait que ce soit un film étranger. Consterné, le pauvre vieux. Bon, je ne vais pas me rendre malade pour autant.

Il sentit que Philippe, lui, en était légèrement malade. Malade d'admiration, de jalousie aussi. De chagrin face à la vacuité de sa carrière. Mais pas suffisamment malade au goût d'Alexis qui demanda, plein d'affection :

— Et ensuite, tu as des projets ?

Mais oui, Philippe avait des projets, il n'en avait même pas honte :

— Puisque mon idée de long tombe à l'eau, je vais revenir aux films de pub. Ce ne sont pas des chefs-d'œuvre, juste des films bien payés, je me suis spécialisé en petites comédies.

— Ah, on peut se spécialiser dans… des trucs comme ça ?

— Il y a pire. L'important, c'est de faire au moins un film tous les six mois, pour rester dans l'air du temps ; c'est un métier où l'on est vite oublié. Là, je vais devoir m'activer, ça fait un bail que je n'ai rien tourné.

Alexis approuva, apitoyé. Lui-même avait été tenté par la publicité, des années plus tôt, quand il avait connu Clara, mais il avait fui de tels divertissements : c'était vers le long métrage qu'il devait se diriger, comme un enfant voué. Il était devenu second puis premier assistant de grands réalisateurs, il s'était fait apprécier. Il avait alors annoncé sur la place que son temps d'apprentissage était achevé, celui des œuvres avait commencé.

De la publicité ! Seuls des types comme Philippe pouvaient se laisser guider par d'aussi pathétiques ambitions. Alexis devait maintenant très vite improviser les siennes, car Philippe, étant un ami poli, avait relancé :

— Et toi ?

Alexis haussa les épaules :

— Oh moi… je vais suivre le lancement de mon film, puisqu'il est bien parti. Tu vois le genre, les interviews et les télés. Et mon producteur me demandera sans doute de travailler sur un second film dans la foulée.

Alexis observa Philippe. Son ami souffrait, il fallait l'achever :

— Je crois que je vais refuser, je suis sur un autre projet, encore flou, mais très porteur. L'idée, ce serait la vie d'un grand malfrat. Racontée avec un regard exact, un regard d'huissier. De gros moyens, une production internationale. Un challenge. Je bute encore sur un problème de scénario.

Philippe était un type profondément bon, un copain. Pourquoi Alexis éprouvait-il le besoin d'être odieux avec lui ? Simplement parce qu'il avait été témoin de sa déconfiture ? Mais Philippe était si bienveillant qu'il ne releva même pas la méchanceté d'Alexis. Il répondit très vite :

— Un problème de scénario ? Mais je peux t'aider ! Ma vraie vocation, c'est scénariste, pas réalisateur. Tu dois te souvenir, à la Femis, c'était la filière que j'avais choisie.

— Bien sûr que je m'en souviens, répondit Alexis d'un air pénétré.

Il surveillait le buffet : les bols de punch étaient vides, il ne restait que des cadavres sur les tables, on servait les petits fours et les cafés, Alexis n'avait plus rien à faire dans cette soirée.

— Ça me ferait plaisir de te donner un coup de main, relança Philippe, je suis prêt à bosser sur le projet, ne serait-ce que pour voir, pour un galop d'essai. Ce serait formidable de travailler ensemble, non ? Tu veux qu'on en parle ?

Alexis regarda Philippe avec une intense amitié :

— Maintenant, je n'ai pas le temps. Mais je vais réfléchir. Pourquoi pas ? Je file, j'ai rendez-vous avec des journalistes de télé, tu sais ce que c'est.

Il s'enfuit, léger comme un archer parthe.

6. *Un film courageux*

Le mois de septembre s'achevait. Madame Suursoo, la nouvelle concierge estonienne, venait de remplacer la précédente, emportée par la canicule ; la gardienne venue du froid n'avait pas encore osé allumer la chaudière de l'immeuble, et Alexis déplorait la fraîcheur de son appartement. Clara lui en ferait certainement la remarque. C'était bien son genre, faire une remarque sur le chauffage, un jour de retrouvailles après six mois de séparation.

Alexis était heureux de revoir Clara, heureux surtout de l'avoir convaincue de la nécessité de se revoir, cette séparation était une absurdité, un coup de tête qui avait mal tourné. Ce mercredi était idéal pour repartir à zéro : on allait, pour la première fois, projeter *Zoubeida l'Africaine* en grand public. Une distribution limitée à quelques salles, mais c'était un début. Au téléphone, Alexis avait emporté la décision de Clara en peu de mots :

— Voir son film dans une salle parisienne, caché au milieu d'une foule, c'est un grand moment dans la vie d'un réalisateur. J'ai vraiment besoin que tu sois à mon côté ce soir-là. Toi, et personne d'autre. S'il te plaît.

Il avait perçu un étrange silence, presque un flottement, et Clara avait accepté avec un soupir.

Alexis déposa une bouteille de champagne au bas du réfrigérateur. Il avait hésité : sortir le champagne pour ces retrouvailles, n'était-ce pas leur conférer trop de solennité ? Après tout, il l'avait simplement invitée à venir voir un film. Mais pas n'importe lequel, c'était presque le leur, tant il lui en avait parlé durant la production. Il fallait fêter cet événement.

Alexis replongea dans *Crime et Châtiment.* Il n'avait jamais pu en achever la lecture, mais s'y essayait fréquemment. Quand on lui demandait : « Qu'est-ce que tu bouquines, ces temps-ci ? », il répondait gravement : « Je m'offre une petite cure de *Crime et Châtiment.* Ce livre n'est pas fait pour être lu, mais pour être relu. » Généralement, l'interlocuteur s'en tenait là. Ce soir, Clara lui poserait peut-être la question.

Le téléphone sonna. Avant de répondre, il pressentit que c'était Clara, elle allait se décommander. Il en ressentit un terrible chagrin, il comprit combien il la chérissait. Mais ce n'était pas Clara, c'était un homme :

— Monsieur Pirief ? Vous êtes bien le metteur en scène ?

Le type avait dit metteur en scène, et non *réalisateur*, c'était un plouc, extérieur au métier, un inutile. Et pourtant, Alexis connaissait cette voix.

— Oui, Alexis Pirief.

— Je suis Sammy Raggi, Caen, la Centrale, vous

vous souvenez ?

— Ah, oui, un peu – Alexis sentait poindre l'importunité.

— Je suis de passage près de chez vous, je me suis dit que ce serait sympa qu'on se revoie.

Il fallait dire non, de façon très ferme, très simple. Mais les mots simples échappaient souvent à Alexis :

— Là, ça ne m'arrange pas trop. Je n'ai pas beaucoup de temps.

— Il m'en faut très peu, rassurez-vous. Je suis juste à côté, j'arrive en coup de vent. J'apporte un cadeau.

Comment dire non à un type qui apporte un cadeau ! Alexis se couchait devant toute détermination. Il se méprisa tandis qu'il disait : « Bon, très vite alors, à tout de suite. »

Le coup de sonnette fut vigoureux. Et quand Alexis ouvrit, il comprit à quel point la prison peut réduire un homme : sorti de sa cage, Sammy était redevenu un fauve, qui avançait, sûr de lui, dans son territoire de chasse. Toute la ville était ce territoire, tout était proie, y compris Alexis qui ne devait pas se laisser dévorer, pas même se laisser fasciner.

— Je ne peux vous accorder que deux minutes, lui enjoignit Alexis, je vais recevoir une amie. Je l'ai invitée à la première projection de mon film en grand public, c'est aujourd'hui.

Il avait apposé cette précision dans l'espoir de recevoir un bref petit compliment, mais Sammy était de ceux qui gèrent une priorité à la fois :

— Deux minutes, ce sera presque suffisant.

Son visiteur était déjà entré. Il tenait sous le bras gauche un casque de motard et une enveloppe. De l'autre, il lui tendit une bouteille :

— C'est une liqueur de châtaigne, c'est corse. Je suis sûr que ça vous fera plaisir.

Alexis regarda la bouteille, gravement. Il existait donc des individus capables d'extraire une liqueur d'un tas de châtaignes sèches et dures. Il essayait d'imaginer le processus, il ne voyait pas. Sammy, lui, ne semblait pas se poser la question. C'était un homme qui savait comment extraire la liqueur des châtaignes, un homme capable de tout.

— C'est très gentil, merci. Si j'avais le temps, je vous aurais proposé que nous l'ouvrions pour boire un verre, mais…

— Non merci, je ne bois jamais d'alcool et vous n'avez pas le temps. Voilà, vous aviez dit que vous alliez réfléchir à mon idée, donc vous avez réfléchi. Moi aussi : vous vouliez des faits marquants ? Je vous en apporte. Vous vous inquiétiez du financement du projet ? Je m'en occupe.

Sammy était donc encore plus bizarre qu'Alexis ne l'avait imaginé : quand on lui opposait un problème, il ne s'y arrêtait pas pour en contempler l'arduité, il préférait le résoudre. Un primaire.

Avec un sourire de fête des pères, Sammy ouvrit l'enveloppe. C'étaient trois coupures de presse régionale : *Le Parisien, Les Dernières Nouvelles d'Alsace, La Voix du Nord*. Elles relataient chacune un casse de bijouterie : à Versailles, à Colmar, à Arras.

— Vous vouliez des faits marquants, en voilà ! Ils intéressent au moins les journalistes.

Alexis fut tenté de rendre aussitôt à Sammy ses documents. Mais sa conscience professionnelle reprit le dessus : il les lut. D'après les témoignages, les casses étaient assez semblables, commis par quatre hommes qui arrivaient sur deux grosses motos. Deux hommes restaient sur le trottoir, deux entraient, une grenade à la main, et ressortaient quelques minutes plus tard, l'un tenant les deux grenades, l'autre un sac rempli. Les grenades semblaient avoir un fort impact psychologique : les joailliers ouvraient leurs vitrines sans discuter et emplissaient docilement le sac. Les quatre hommes repartaient à moto. Des opérations bien propres.

— Les faits marquants, c'est ça ; le financement aussi, ajouta Sammy. Là, on peut vraiment dire que le scénario finance le film, hein !

— Non. Ça ne fait pas un scénario. C'est répétitif, il n'y a pas d'invention, pas de progression. Pas non plus de conflit interne. Et de toute façon, je ne veux pas être mêlé à ces histoires.

Il ne fallait surtout pas ajouter un mot. Le silence dura plusieurs secondes, et jamais le coup de sonnette de Clara ne lui parut si allègre. Alexis alla ouvrir en lançant à Sammy :

— Et maintenant, je vais vous laisser repartir.

Alexis s'extasia sur Clara : elle était devenue encore plus séduisante cet été : elle avait toujours les mêmes longues jambes, le buste menu, le visage si fin qu'il semblait avoir été dessiné, les yeux gris d'une douceur que les lentilles n'expliquaient pas entièrement, de longs sourcils que masquait une chevelure blonde, faussement blonde, coupée court, au carré. Il l'avait contemplée trop longuement, Clara avait déjà tendu la main à Sammy, et Alexis ne put éviter de faire les présentations :

— Clara Deneyrac, ma fiancée. Et Sammy…

Sammy quoi ? Alexis ne savait que dire de son visiteur. Il enchaîna : « … Sammy qui est venu m'apporter une bouteille de sa campagne. Il allait partir. »

— Vous aussi, Madame, vous travaillez dans le cinéma ? demanda Sammy qui ne partait pas.

— Non, dans la publicité.

— Chez Publicis ?

— Non, chez Teen & Sullivan.

— C'est à Neuilly ? Toutes les agences de pub sont à Neuilly, non ?

— Non, ça, c'était il y a longtemps. Maintenant, elles sont à Boulogne ou à Levallois-Perret. Nous, c'est Levallois.

Alexis entraîna Sammy vers la porte avant que Clara ne se lance dans l'histoire de la publicité :

— Les articles des journaux, je vous les laisse, dit Sammy en posant l'enveloppe sur un guéridon.

— Ah, très bien, merci.

— Je vais aussi vous donner mon numéro de portable.

Il se pencha sur le guéridon et griffonna dans la marge d'un des articles. Alexis accompagna Sammy jusque sur le trottoir, de peur qu'il ne remonte. Son visiteur s'éloigna sur le boulevard, abandonnant quelques effluves de vétiver. Alexis entendit des pas sur le palier. Il appela : « Clara ? »

Elle descendait déjà, ils filèrent.

Ils trottaient vers le cinéma Quatorze-Juillet Bastille, la séance allait commencer. Et ils ne s'étaient toujours pas parlé, comme s'ils savaient que la conversation les mènerait sur un terrain miné. Explosif.

— Ça me fait bizarre, ta façon de me présenter comme ta fiancée, tu pourrais quand même demander mon avis, lança Clara.

— Oui, excuse-moi, mais avec ce genre de type, j'ai pensé que c'était mieux.

— Pourquoi, c'est quel genre de type, ce type ? demanda enfin Clara.

— Sammy ? C'est un truand.

Il regarda droit devant lui, il ne voulait pas croiser son regard maternel.

— Un truand ? Tu parles sérieusement ?

— Oui, un truand, un gars important. Il me propose de faire un film sur le milieu, je ne sais pas ce que je vais faire. Je t'en parlerai plus tard.

Il ajouta : « Ne t'inquiète pas », histoire de mieux l'inquiéter. Ils étaient arrivés devant le cinéma.

Il y avait une queue si longue qu'Alexis demanda, sans trop y croire, aux derniers de la file, un couple de gros retraités :

— Vous faites la queue pour *Zoubeida l'Africaine* ?

— Oui.

Ce *oui* était extraordinaire, il pouvait changer toute la vie d'Alexis ; il chuchota à Clara :

— Je ne sais pas si tu comprends, c'est formidable : la carrière d'un film, on peut la prévoir dès le premier mercredi soir. Ce ne sont pas les critiques qui décident, c'est le public. Là, il n'y a même pas eu de publicité, et on fait déjà la queue.

Clara lui sourit. Pas un bête petit sourire commercial, mais un sourire de femme heureuse. Une vie épatante allait commencer.

Alexis relança ses deux voisins cinéphiles :

— Vous avez déjà eu des échos ? Il a l'air bien, ce film, hein !

— Non, on a décidé de le voir en passant devant le cinéma, on a fait confiance au titre, le film doit être rigolo, répondit la grosse femme qui devint pansue et adipeuse.

Mais la queue était là, c'était l'essentiel. Et Alexis serra la main de Clara.

Un employé du cinéma cria à l'entrée :

— Les spectateurs pour *Zoubeida*, vous passez devant. Ceux qui attendent pour *La Vengeance des dragons,* vous restez dans la queue.

Ils furent dix-sept à répondre à l'appel. Dix-sept qui gagnèrent la petite salle. Et Alexis pressentit que la seule salle comble que *Zoubeida* connaîtrait dans sa carrière serait celle du ciné-club de la Centrale de Caen.

Trois spectateurs s'éclipsèrent pendant le film.

Cent minutes plus tard, Alexis s'en fut juste avant la fin, il voulait observer les visages des treize survivants à la sortie. Il les trouva vides, inexpressifs. Même le sourire de Clara lui parut humiliant. Et son réconfort sonnait faux :

— Ça va démarrer progressivement, la critique va arriver à la rescousse.

— Des bonnes critiques, je n'en ai que deux. *Télérama* qui le qualifie de courageux – en clair, il faut être courageux pour aller le voir. Et *L'Huma* qui parle d'un film résolument tiers-mondiste qui fait honneur au cinéma français. Ça pue l'éloge funèbre.

La pluie commença à tomber. Ils pressèrent le pas.

— Qu'est-ce que tu vas faire maintenant ?

Comme s'il était supposé le savoir. Comme s'il avait prévu les treize spectateurs. La seule chose qu'il pouvait faire maintenant, c'était de hausser les épaules.

— Tu pourrais retrouver du travail comme assistant.

— Redevenir marmiton quand j'ai été maître queux ?

Il secoua la tête avec autorité, pour la faire taire. Mais elle ne voulait rien entendre :

— Tu pourrais essayer les films de pub. Tu veux que je t'aide ?

Ce n'était pas si stupide : tous les grands réalisateurs français avaient tâté de la publicité. Même Chabrol, Godard ou Annaud. Mais Alexis ne voulait pas se sentir l'obligé de Clara :

— Je vais plutôt revoir ce Sammy : au moins, dans le milieu, il y a des gens qui croient en mon talent.

Il sentit la main de Clara se crisper dans la sienne.

— Non, Alexis, c'est une folie, ne pars pas là-dedans. Tu ne feras pas le poids, tu le sais bien. Ne mets pas le doigt dans ce genre d'engrenage.

Alexis soupira : elle avait évidemment raison. Toujours raison comme une mère.

— Je vais le revoir, explorer ça, juste pour me faire mon idée.

— Avec un type comme ça, il n'y aura pas de marche arrière…

Elle avait parlé avec une voix de pythie et Alexis se demanda comment interrompre une femme qui vaticine. Il ne le sut jamais : Clara l'avait pris dans les bras, elle lui expliquait qu'elle tenait à lui, elle voulait qu'il lui promette de laisser tomber ce film, de ne plus revoir ce Sammy. Il fallait qu'il fasse des films de pub, on y manquait de talents comme le sien. Elle pouvait lui trouver un chantier, là, tout de suite, elle avait un film qui partait en préproduction et le réalisateur proposé ne convenait pas au client. Alexis serait idéal sur ce film, elle en était sûre. Après, elle lui trouverait d'autres films, dans d'autres agences, elle ferait jouer le réseau HEC, elle avait confiance en lui, elle ne voulait pas qu'il s'embarque dans ces histoires de films avec des truands, elle avait peur. Et elle ajouta qu'elle l'aimait, ce qu'elle ne disait pourtant que la nuit.

Alexis promit. Alexis jura. Alexis affirma que, par amour pour elle, il renoncerait à cette chance unique dans sa vie, il acceptait même de faire de la publicité puisque ça lui rendait service. Et il précisa que lui aussi il l'aimait. Sans rajouter *bien sûr*, contrairement à son habitude.

— On va chez toi ou chez moi ?

— Chez toi. Chez moi, il y a maman qui garde Estelle.

Peu après minuit, le téléphone sonna, et Clara qui était du bon côté du lit tendit le combiné à Alexis :

— Bonsoir, c'est Sammy. Je viens de revoir votre film, il est vraiment bien. Et j'ai compris ce que vous vouliez dire, avec la progression, il faut…

— Il ne faut rien du tout. Je ne veux rien faire avec vous. Trouvez un autre réalisateur. Lâchez-moi. Je ne veux plus vous voir, plus vous entendre.

Il se surprit à conclure par un « désolé » et raccrocha. Clara lui sourit, le prit dans ses bras, et la nuit recommença.

7. Dans le cercle des publicitaires

Le centre-ville de Saint-Germain-en-Laye s'était empli de la foule des beaux samedis après-midi d'octobre. Les deux motos, des Honda GoldWing, durent se garer à vingt mètres de la bijouterie. Les quatre policiers en tenue descendirent. Deux entrèrent, et deux restèrent en faction sur le trottoir.

Les passants pouvaient voir, à l'intérieur, le joaillier et sa femme qui ouvraient les vitrines, tendaient leurs écrins aux policiers qui les examinaient d'un œil soupçonneux et les rangeaient dans un grand sac.

— Qu'est-ce qui se passe ? demanda au jeune policier de garde une dame bien mise.

— Ça va être au minimum un flagrant délit de recel. On les soupçonne depuis longtemps d'écouler de la marchandise volée.

La dame bien mise affirma que ces bijoutiers lui avaient toujours paru bizarres, c'était pour ça qu'elle n'était pas cliente chez eux. Tout en le répétant plusieurs fois aux badauds qui s'amassaient, elle balayait la rue du regard – *peut-être que la télévision allait venir, elle pourrait se faire interviewer.*

Le rideau de fer fut aux trois quarts abaissé.

— Ah, le recel est constaté ! soupira le jeune policier. Écartez-vous, ordonna-t-il aux badauds.

Il se dirigea avec son collègue vers les deux motos, et ils les mirent en marche.

— J'en étais sûre, je l'avais toujours dit, conclut la dame – *mais pourquoi la télévision ne venait-elle pas ?*

Les deux autres policiers sortirent du magasin, transportant le sac avec soin, rejoignirent leurs collègues, montèrent à l'arrière des motos et s'en furent.

Et comme on entendait des appels au secours à l'intérieur du magasin, les badauds finirent par appeler la police, la vraie : les deux commerçants furent trouvés assis sous le comptoir, dos à dos, les poignets liés. Entre leurs épaules, on avait coincé deux grenades dégoupillées.

« Des salopards, des salopards », répéta plusieurs fois le bijoutier dont le vocabulaire était restreint et suranné. Il semblait s'en satisfaire.

« Des salopards », répéta-t-il d'ailleurs quand il passa au journal télévisé le lundi midi suivant. Une dame bien mise, interviewée sur le trottoir, expliqua qu'elle avait tout vu, elle les avait trouvés bizarres ces policiers, elle se doutait bien que l'histoire de recel ne tenait pas debout, elle les connaissait, ces bijoutiers, de braves gens.

Un commissaire principal, un certain Viard, fut interrogé par la journaliste, Géronima Krutz :

— Avez-vous une idée de l'identité des malfaiteurs ?

— Certains éléments me font penser que oui, d'autres me font penser que non. Je ne peux en dire plus.

Le commissaire Viard avait dit ça d'un air contrarié, en balançant son petit corps rondouillard d'un pied sur l'autre.

— Oui, mais encore ? reprit Géronima Krutz qui avait dû apprendre la phrase dans une école de journalisme.

— Non, je ne peux en dire plus, conclut le commissaire Viard qui avait dû apprendre la phrase dans une école de police.

Alexis regardait le reportage avec une grande attention.

Il était assis dans la salle d'accueil de l'agence Teen & Sullivan. Une grande salle qui ne connaissait que deux couleurs, le kaki et le bleu ciel. Même l'hôtesse était en bleu ciel. Le seul élément de décoration était cette télévision qui n'avait jamais autant intéressé Alexis. Il en oubliait de faire la conversation à son voisin, Thierry Sénéchaud, le patron de la petite maison de production de films publicitaires avec laquelle il allait travailler.

— C'est ce commissaire, qui t'intéresse, ou ce sont les fric-frac ? demanda Sénéchaud.

— Les casses de bijouterie. J'ai un projet de long métrage là-dessus, répondit-il d'un petit sourire engageant.

Et, engagé, il précisa :

— Ce n'est qu'un projet de projet, je prépare ça

avec un type du milieu que je connais bien, presque un copain. À ce stade, ça reste confidentiel.

Alexis éprouva une fugace volupté à ces mots. Était-ce le plaisir de jouer à ne pas tenir parole, ou simplement le besoin de se faire valoir ? Il eut le temps de capter le regard de Sénéchaud, soudain plus admiratif. Le producteur sembla intimidé en ajoutant :

— Le commissaire aussi est intéressant : Viard, c'est sans doute le seul flic titulaire d'un DESS de psychologie. Je l'ai interviewé une fois, pour un documentaire télé.

Ils en étaient au round d'observation. Alexis avait été imposé à la maison de production par l'agence, et plus précisément par Clara. Et Sénéchaud avait été imposé à Alexis, puisque c'était avec son équipe que l'on avait commencé à travailler avant la disgrâce du réalisateur pressenti.

Chacun s'efforçait de ne pas se rendre tout de suite insupportable à l'autre. Ils ne parlaient donc pas encore de publicité.

Le directeur de création vint les chercher. C'était un grand cow-boy au regard clair, qui portait un costume pied-de-poule sur un T-shirt Marlboro.

— Alors, monsieur Pirief, vous qui venez du long métrage, est-ce que le décor de l'agence vous plaît ?

Alexis ne voyait pas pourquoi il fallait venir du long métrage pour avoir une opinion à ce sujet, mais il lança de prudentes louanges. Le cow-boy Marlboro sourit :

— Ces couleurs, c'est moi qui les ai trouvées en voyant une photo de casques bleus. Le symbole est fort : kaki et bleu-ciel, la virilité de l'épée, la douceur de la paix, c'est comme ça que doit être la bonne publicité.

— Des couleurs pareilles, j'étais sûr qu'il y avait une explication, approuva timidement Alexis.

Le grand cow-boy s'esclaffa, et Alexis s'esclaffa aussi, par politesse. Sénéchaud s'esclaffa encore plus fort, à tout hasard.

— Si un jour vous cherchez un décor pour un tournage de long, n'hésitez pas à m'en parler, relança le cow-boy. Je vous arrangerai ça.

Un *Bon, je vais réfléchir. Pourquoi pas ?* ne suffirait pas. Alexis annonça qu'il avait effectivement un long métrage en projet, il en parlait justement à Sénéchaud, une scène importante devait se tourner dans un décor d'entreprise très chic, alors, si ça ne dérangeait pas, eh bien…

Le directeur de création le quitta à l'entrée d'une grande salle ; il assura qu'il allait les rejoindre en réunion, dans deux minutes, le temps de donner un coup de téléphone – Alexis ne devait le revoir que des semaines plus tard. L'homme aux rêves de gloire bleu kaki s'en fut en lançant un clin d'œil fripon, et Alexis se demanda s'il ne s'en était pas fait un ami. Est-ce que tout allait être aussi facile dans le monde de la publicité ? C'était peut-être un monde qui l'attendait, comme l'empire aztèque avait été prêt à se donner à Hernan Cortés.

Clara les accueillit en salle de réunion, où l'on avait commencé à attaquer un plateau de sandwiches. Elle se leva, embrassa Alexis, puis Thierry Sénéchaud, de la même façon distraite, professionnelle. Elle l'avait prévenu, elle ne voulait pas que leur relation soit connue à l'agence : coucher avec ses fournisseurs, ça la fout mal, avait-elle ajouté avec tact.

Clara fit les présentations : il y avait là deux grands jeunes gens, l'un roux et l'autre pas. Et une femme à la quarantaine anorexique et grise.

— Je suis Zoé, la directrice artistique, dit cette dernière.

Et elle se tut jusqu'à la fin de la réunion, ce titre semblait la dispenser de toute intervention.

Le jeune homme roux avait un nom de l'Est qu'Alexis ne put retenir. D'ailleurs, tout le monde l'appelait Johnny. Il était concepteur-rédacteur et parlait incessamment, ponctuant ses phrases de petits rires juvéniles. Ses remarques étaient sans importance, et il en convenait chaque fois lui-même.

L'autre jeune homme était vieux. Un certain Langevin, directeur du marketing de Taoaya. Il lançait aux créatifs des regards torves, comme s'il craignait d'eux quelque indécence.

Et Clara. Clara qui passait de l'un à l'autre, d'un propos à l'autre, avec grâce et autorité, qui relançait, qui souriait, qui faisait circuler le plateau. Madame de Scudéry dans son salon littéraire, pensa brièvement Alexis, le temps d'avoir un doute : Madame de Scudéry, c'était en quel siècle, il ne voyait plus très bien. Ce qu'il voyait, c'était que Clara avait une vraie vie bien à elle, un univers dans lequel il venait de s'introduire, presque en curieux. Elle n'y semblait pas seulement heureuse, mais rayonnante. Sans lui. C'était donc possible.

Alexis contempla ce petit monde avec un rictus de tricheur : l'espace d'une heure, il ne serait plus réalisateur, il serait comédien. Clara lui avait balisé le terrain au sein de l'agence, elle lui avait présenté le canevas de la réunion, les répliques probables de chacun. Il lui restait à bien placer les siennes. C'était à lui :

— Bravo pour ce scénario, je suis très excité de travailler sur une idée aussi originale…

Sourire modeste des créatifs.

— … mais, comme tous les scénarios originaux, il présente des risques…

Hochement approbateur de Langevin.

— … ces risques feront la force du film, poursuivit Alexis, je suis là pour bien les gérer. L'histoire est simple : une femme dans sa baignoire verse du bain moussant Taoaya, elle ferme les yeux, s'imagine dans une petite crique. Elle les ouvre, et voit apparaître son mari qui rentre du bureau, costard cravate et attaché-case. Il s'approche d'elle. Et soudain, il est en paréo ! Grâce au bain moussant, l'homme a rejoint la femme dans ses fantasmes. Avec une telle idée, on peut faire de ce film un moment de magie… ou de trivialité. Cela dépendra de moi, ayez confiance en mon expérience.

— Mais de l'expérience, vous en avez ? Vous avez déjà fait des films pour des bains moussants ? l'interrompit Langevin.

— Oui, bien sûr, enfin, presque.

Alexis n'avait jamais supporté d'être accusé ou soupçonné, il se sentait aussitôt coupable. Ce jour-là, il se sentait déjà jugé : imposteur, éliminé. Clara vola à la rescousse :

— L'agence vous recommande Alexis Pirief parce que, dans son dernier long métrage, il y a une séquence très forte, avec une femme dans une baignoire. Vous la visionnerez tout à l'heure, c'est un morceau d'anthologie.

Alexis hocha modestement la tête. Langevin ne fut pas rasséréné pour autant :

— Une femme dans une baignoire, mais une femme… nue ?

— Oui, confessa Clara. Nue. Assez pudique cependant. Bon, je vais laisser Alexis Pirief raconter son film…

— Et dans cette scène, reprit Alexis, il y a justement un homme qui arrive.

— Son mari, son mari, tempéra Clara.

— Ah, c'est exactement comme dans notre film, vous me rassurez, s'émerveilla Langevin. Et notre film, donc, qu'en pensez-vous ?

Son attitude envers Alexis était devenue plus conciliante.

— Ce que j'en pense ? Très bien construit, très émotif.

— Et quand l'homme arrive, relança Langevin, quand il observe la femme dans sa baignoire, quel genre de regard imaginez-vous entre les deux ? Quel climat ? Pas trop sensuel ?

— Non, ce serait idiot, ça parasiterait le film. D'ailleurs, elle est couverte de bain moussant, elle n'est pas érotique. C'est un climat... de découverte.

— De découverte ! Voilà, c'est exactement ça, un esprit de découverte, pile le mot ! Pas d'érotisme, mes produits sont des produits de découverte.

La réunion s'acheva dans un climat de confusion suave. Et en sortant, Langevin glissa à Clara, juste assez fort pour qu'Alexis l'entende :

— Il est bien, votre gars, pas comme l'obsédé sexuel que vous vouliez me refiler. Il a du talent, lui. Des idées.

La porte se referma. Alexis se leva à son tour, sourit à Clara, à toute l'équipe avant de conclure :

— Je vais peut-être revoir vos dialogues, ils me paraissent améliorables. Faites-moi confiance, je vais vous le sauver ce film.

Et sentant soudain monter une étrange animosité, il se retira rapidement.

Clara le rattrapa dans l'entrée :

— Toi, le génie, écoute-moi bien : je t'ai fait une place dans l'agence et tu vas t'y tenir ; tu réalises, point barre, personne ne te demande de sauver quoi que ce soit. N'oublie jamais : c'est *toi* que je sauve.

Alors qu'elle repartait, rageuse, vers son bureau, il la héla :

— Ne prends pas tout mal, je proposais ça pour bien faire. À propos, qui est-ce, le réalisateur que je remplace, l'obsédé sexuel ?

— Tu le connais bien. C'est Philippe Gassier.

— Philippe ! Mais c'est très embarrassant, est-ce que tu comprends que…

Elle ne voulait pas comprendre, elle avait disparu à l'angle du couloir.

Alexis repartit pensif. Il avait promis, il avait trompé, il avait séduit, il avait dominé, il avait été haï, il avait trahi. Il était entré dans le cercle des publicitaires.

8. *Casting*

Arrivé chez lui, Alexis appela Clara ; il prit sa voix de charmeur pour lui proposer un dîner en amoureux, histoire de vite effacer son petit impair.

Mais Clara n'effaçait que ce qui l'arrangeait :

— Dîne devant ton miroir, tu seras encore plus amoureux.

Alexis s'endormit donc seul en lisant *Crime et Châtiment.* La sonnerie de son téléphone portable le réveilla :

— C'est Sammy. Avez-vous vu le reportage sur Saint-Germain-en-Laye aux informations ? Voulez-vous que je vous envoie l'enregistrement ? Ça vous convient ? Ça progresse, hein ! Vous qui vouliez de l'invention, vous êtes content, non ?

Alexis répondit qu'il ne voulait pas être content, ni recevoir d'enregistrement, ces progrès ne l'intéressaient pas, et il raccrocha. Le téléphone sonna à nouveau : cette fois-ci, c'était son fixe.

— C'est Sammy. Je vous rappelle de mon fixe : on dirait que sur les portables il y a des ruptures de réseau, on a été coupés. Je voulais aussi savoir : qu'est-ce que vous entendez par « conflit interne » ? Vous en parliez l'autre jour, à propos de notre film.

— Il n'y a pas de *notre film*. Mais ce serait si, par exemple, vous aviez une passion incompatible avec votre vie : la culture, ou autre, vous voyez…

— La culture ? Pourquoi ? Vous pensez que je ne suis pas cultivé ?

— Je n'ai pas dit ça, c'est un exemple. Ça pourrait être aussi bien le vol à voile, le bridge, le tango, je ne sais pas, moi.

— De toute façon, je ne vois pas en quoi c'est incompatible.

— Eh bien, en tout cas, l'idée de faire un film avec moi, ça c'est incompatible. Vous comprenez ? Bonne nuit !

Alexis raccrocha. Cette dernière phrase était idiote, il le savait. Peu importait, il avait mieux à penser : dans quelques jours, le casting allait débuter. Il savourait cette idée de tenir entre les mains la carrière d'une comédienne.

La jeune femme était enveloppée d'une sortie-de-bain, allongée sur une méridienne, et regardait le réalisateur, apeurée.

— Vous êtes nue dans votre baignoire, vous vous saisissez d'une bouteille de Taoaya, vous la répandez langoureusement, lui intima Alexis.

Elle se saisit d'une bouteille de bière vide sur un guéridon et esquissa un mouvement circulaire.

— Vous fermez les yeux, je vous rappelle le texte, *Je suis bien, je ne pense à rien. Juste à moi et Taoaya. Juste à moi en Taoaya. Juste à moi et à lui. Taoaya…*

Puis vous ouvrez les yeux, émerveillée, avec un regard de découverte.

— Je ne pense à rien, je suis bien grâce à Taotaya. Je pense juste à Tataoya. Et moi et lui, mon Toyataa…

— Ouvrez les yeux, rappelez-vous, un regard de découverte.

— …

— Ouiiiii, pas maaaaal, pas mal du tout.

Cette fille lui était vraiment trop tarte.

— Bien, merci. Vous pouvez aller vous rhabiller dans la pièce voisine. N'oubliez pas de laisser vos coordonnées.

La jeune femme se retira avec un petit regard coquin, au cas où.

— C'est niet, grogna Alexis. Très coincée, je ne l'imagine pas à poil dans une baignoire, encore moins dans une crique, avec dix techniciens autour d'elle. Et en plus, elle n'a pas de seins.

— Pénélope, la suivante, est mieux équipée, et elle est plus punchy, tu vas voir, le rassura la directrice du casting. C'est quoi, ce chahut derrière la porte ? Fais entrer Pénélope, demanda-t-elle à son stagiaire.

Ce ne fut pas Pénélope, ce fut Philippe Gassier. Il fit irruption en jetant un regard de chien blessé.

— Je veux te parler, Alexis, tout de suite.

Il fallait être prudent, un chien blessé peut mordre.

— Moi aussi, je voulais te parler, ça tombe bien.

Alexis entraîna Philippe dans un petit bureau attenant en se demandant si son ami n'allait pas le tuer. Ce serait une belle mort pour un réalisateur, en séance de casting, entouré de candidates à demi nues. La mort de Sardanapale.

Mais non, Philippe voulait simplement pleurnicher : il exprima sa déception à Alexis, avec des phrases toutes faites, sans impact, des tu es le dernier dont j'aurais cru que, des depuis le temps que nous sommes amis, des tu aurais pu au moins m'en parler. Des banalités.

Et Alexis hochait périodiquement la tête comme il se doit, en lâchant des « Je te comprends très bien ».

— Tu as très bien fait de venir vider ton sac, en fait c'est une histoire absurde.

Alexis improvisa donc une histoire absurde, juste assez plausible pour que Philippe se sente tenu de la croire. Tout était de la faute de Clara, elle lui avait demandé, un peu en l'air, son avis sur le projet de film. Clara avait trouvé les idées d'Alexis formidables, tellement intéressantes qu'elle en avait parlé à toute l'agence, qui en avait parlé au client, et ce dernier avait *exigé* de le rencontrer. Il était venu pour faire plaisir à Clara, réunion informelle au cours de laquelle Alexis avait été *piégé*, le client lui avait aussitôt confié le film. Alexis n'en voulait pas de ce film, « Moi, de la pub, tu imagines… », il avait cédé pour ne pas planter Clara. Et quand elle lui avait lâché le nom de Philippe, elle lui avait fait *promettre* de ne pas lui en parler, elle voulait que soit elle, elle seule, qui le prévienne.

Alexis avait débité ça d'une traite, brillamment. Et il se demanda pourquoi il était si convaincant quand il mentait, et si maladroit quand il disait vrai.

Philippe lâcha plusieurs soupirs poignants. Mais Alexis n'était pas dupe : Philippe allait lui demander quelque chose :

— Tu n'y es pour rien, Alexis, mais tu me mets dans un pétrin pas possible. J'avais absolument besoin de faire ce film, je suis complètement raide, je n'ai plus droit aux intermittents. Tu peux me prêter deux ou trois mille euros ?

— J'aimerais bien, mais c'est impossible. Moi, en ce moment, c'est pareil, mon pauvre vieux.

— Dans ce cas, j'ai une meilleure idée. Le film de truands sur lequel tu es en panne de scénariste, branche-moi dessus. Ça, tu peux. Promets-le-moi.

Alexis regarda Philippe droit dans les yeux :

— Si je fais ce film, je te *jure* de te prendre comme scénariste. Voilà, tu es content ? Je suis sympa, non ?

Philippe s'en fut, soupirant avec un peu moins de désespoir.

— On reprend, dit Alexis à Pénélope qui entrait drapée dans sa sortie-de-bain. Allongez-vous là. Vous êtes nue dans votre baignoire…

Elle serait parfaite, la petite Pénélope. Son film se passait bien, il s'était débarrassé de Philippe, la vie était simple.

Pour Sammy aussi, la vie était simple : il lui suffisait de savoir ce qu'il voulait, le reste suivait. Or il voulait qu'on tourne ce film sur sa vie.

Sammy attendait donc à vingt heures au pied de l'agence Teen & Sullivan, à Levallois-Perret. Il attendait même depuis longtemps, il ignorait qu'on puisse travailler si tard dans la publicité. Mais il ne s'ennuyait pas : il causait avec Noureddine, un jeune motard à la carrure de poids lourd, appuyé contre une grosse Honda. Noureddine avait peu de conversation, il ne parlait que de boxe ou de cuisine.

Ce jour-là, c'était cuisine. Il dissertait de la farce de sa pastilla aux légumes quand une Golf rouge émergea du parking. Sammy se tint en retrait quand elle passa, observa la conductrice, tapa sur l'épaule de Noureddine qui enfourcha la moto et démarra. Sammy, lui, s'en alla vers le métro.

Trois quarts d'heure plus tard, la Golf entra dans le parking d'un immeuble récent, avenue André Morizet, à Boulogne. Noureddine gara sa Honda, ouvrit le petit coffre, et en sortit un bouquet de jasmin.

Il ôta son blouson, ajusta son costume et sa cravate. Il faisait très cadre de banque, Sammy y avait veillé. Et il attendit au pied de l'immeuble.

— Vous attendez quelqu'un ? lui demanda une vieille dame qui allait ouvrir la porte.

— Oui, madame, mais je n'entre pas. Elle m'a donné rendez-vous au pied de l'immeuble. Vous comprenez, c'est la première fois.

La vieille dame sourit, attendrie. Comme quoi, il y en avait de très corrects. Elle composa le code.

Par discrétion, le jeune homme aux fleurs avait détourné la tête. Mais son regard revint sur le clavier. B802.

Nourredine attendit cinq minutes, composa le code, entra, consulta le panneau des étages, monta au sixième gauche, vérifia la carte encastrée, *Anne-Claire Deneyrac*, et sonna. Il sourit à la jeune femme en lui tendant le bouquet.

— Madame Deneyrac ? Je dois vous livrer ça.

Estelle était sortie de sa chambre ; tous les visiteurs de sa mère l'intéressaient. Noureddine lui lança un sourire :

— Oh, la jolie petite fille, c'est la vôtre, quel âge a-t-elle ?

— Sept ans, répondit sa mère. Oui, c'est la mienne. Va ranger ta chambre, Estelle.

— Vous êtes bien jeune pour avoir une fille de sept ans.

— J'ai commencé jeune, dit Clara en prenant le bouquet. C'est offert par qui ?

— Il n'y a pas de carte ?

La jeune femme examina le bouquet : pas de carte. Noureddine, lui, examinait la porte : Bricard, clé plate, trois points, ancien modèle. Point d'ancrage du haut mal arrimé, peut-être déjà forcé par le passé.

Et chacun s'en fut ravi.

Alexis garda de toute cette période un souvenir douceâtre. Le seul petit événement avait été un mot de Sammy glissé dans sa boîte aux lettres, avec une quinzaine de billets de cent euros : « Je me demande si je ne suis pas sur écoute. Dans le doute, j'ai changé de portable ; vous aussi changez-en : faites une déclaration de vol à la police, en le signalant comme commis il y a une quinzaine, et achetez-en un nouveau, avec un nouvel abonnement. Voici où m'appeler pour me donner votre nouveau numéro. Je vous laisse de quoi couvrir vos frais. Je suis désolé pour le dérangement. » Alexis porta plainte, s'offrit un Nokia qui prenait aussi de très bonnes photos, et n'y pensa plus.

Son travail se passait bien ; il consistait à plaire et à rassurer. Sa première incartade en réunion de préproduction avait été pardonnée ; il prenait plaisir à tranquilliser Clara, l'agence, le producteur, le client, tout le monde, et Langevin lui parlait en ami. Alexis avait obtenu de Sénéchaud une première avance sur honoraires, et il vivait de façon plus insouciante.

La préparation du film l'occupait raisonnablement. On discutait parfois quelques heures sur des problèmes majeurs : fallait-il que l'actrice porte une alliance ? Devait-on entendre le grincement de la porte qui s'ouvre ? Il passait le reste de son temps à lire *Crime et Châtiment* en sautant des pages, parfois des chapitres. Il lui arrivait de déjeuner avec des amis, il appelait cela travailler le réseau, et il en parlait d'un ton soucieux qui ne trompait pas Clara.

Il se demandait combien de temps il pourrait supporter cet insoutenable bonheur, cette existence lisse, ce manque d'angoisses à déballer devant Clara pour qu'elle les partage. Alexis dînait souvent avec elle, et il lui arrivait de se trouver ennuyeux au dessert. Il lui parlait alors de Sammy, d'un ton léger. Non pour lui faire peur, mais pour qu'elle comprenne à quel point le personnage qu'elle l'avait obligé à quitter était fascinant.

Et comme Sammy ne l'était pas assez, Alexis y ajoutait quelques rehauts de couleur : Sammy était d'une étonnante culture cinématographique, musicale, littéraire, construite de bric et de broc. Sammy était un remarquable cuisinier. Sammy était excellent cavalier. Sammy était bon bricoleur. Sammy était tout ce qui passait par la tête d'Alexis, surtout quand il avait trop bu.

Alexis concluait parfois avec insouciance :

— Ce Sammy, il m'arrive de le regretter. Pas pour le film, juste pour le personnage. Tellement plus charismatique que tes petits messieurs de la pub.

Et il se surprenait à se sentir sincère.

9. Tournage

On venait de fêter la Toussaint, et Alexis voyait avec allégresse approcher la date de son premier tournage de pub. Sammy semblait avoir renoncé à son idée fixe : il n'appelait plus Alexis. Et celui-ci éprouvait parfois l'étrange regret de ne plus pouvoir rembarrer l'importun.

Restait à décider du lieu de tournage : tous les repérages de criques étaient refusés par Johnny et Zoé. C'étaient de belles criques, expliquait Johnny, mais elles ne ressemblaient pas à des vraies. De guerre lasse, Thierry Sénéchaud finit par proposer un tournage en studio, avec création d'un décor.

Les réunions retrouvèrent un peu d'animation, chacun avait sa propre idée du seul endroit au monde où l'on pouvait construire un beau décor de crique. Johnny ne voulait que Pinewood, Zoé préférait Prague, Clara suggérait Aubervilliers. On opta pour Cinecittà.

Alexis ne connaissait pas Cinecittà, il n'aimait guère l'Italie, encore moins Rome et ses enfièvrements : il avait imposé ce choix de Cinecittà par caprice, pour jouir de son emprise sur Langevin. Et celui-ci avait approuvé : Cinecittà, c'était la sagesse même. Tout le monde avait suivi.

Alexis découvrait que ce qu'il préférait dans son métier, ce n'était pas d'imaginer, ni de filmer ce qu'il imaginait, mais simplement d'imposer son point de vue, d'assener cent minutes ou trente secondes de projection, presque de lubie, aux spectateurs, *voilà, c'est ça que j'ai voulu !*

La semaine suivante, au départ du vol Alitalia pour Rome, Langevin avait demandé à Clara, sa voisine, de changer de place : il voulait faire le voyage à côté de ce cher Alexis. Clara avait esquissé une moue contrariée et s'était assise avec Sénéchaud dans la rangée précédente. Alexis en avait éprouvé une brève jouissance : il était décidément le vrai patron.

Et durant le vol, tandis qu'il déballait à Langevin le récit de ses moments d'intimité avec les plus grands réalisateurs, Alexis se demandait comment devenir encore plus patron. Il se disait qu'idéalement, un réalisateur ne devrait pas seulement diriger les acteurs, mais aussi la vie de l'équipe de tournage, la mettre en scène, y créer des rapports inattendus. Le film dans le film.

Oui, c'était cela ; pendant que Langevin lui parlait avec effusion de sa femme et de ses deux jeunes enfants, Alexis se plut à l'imaginer dans les bras de la petite Pénélope. Voilà, il fallait qu'il y parvienne avant le retour à Paris, il avait deux jours. Son vrai objectif de tournage, ce serait désormais celui-là, le film de publicité, c'était trop facile.

Leur hôtel jouxtait la Piazza Navona et Alexis le découvrit avec enchantement : ce serait le décor idéal pour son vaudeville.

La première journée était dévolue au tournage des scènes en salle de bains. Quand la lumière fut prête, Pénélope arriva, drapée dans une serviette de plage. Elle se dévêtit, ne gardant qu'un short moulant noir, et s'immergea dans la baignoire. La caméra ne devait cadrer que son visage, puis suivre son bras qui déversait le flacon de Taoaya. On ferait alors un raccord sur son buste plongé dans la mousse.

— Pour les seins, ça va ? demanda Alexis à Langevin.

— Comment, les seins ça va ?

— Je veux dire, la partie visible et la partie plongée dans l'écume, ça vous convient ?

— Oui, à peu près.

Langevin avait rougi ; ce serait amusant. Alexis fronça les sourcils.

— Non, je ne veux pas d'*à-peu-près*. Pénélope, tu veux bien sortir de ton bain ?

Pénélope était habituée aux aléas des films de cosmétique, elle obéit.

— Monsieur Langevin, indiquez-nous le niveau en dessous duquel les seins de Pénélope doivent rester plongés sous la mousse.

— Environ ici, dit le client, en esquissant un geste ondulant.

— Soyez gentil, indiquez-nous le niveau *précis*.

Et comme Langevin se raidissait, Alexis demanda :

— Pourrait-on m'apporter un rouleau de sparadrap ?

On l'apporta, et Alexis le tendit à Langevin avec un bon sourire :

— Tenez, collez deux petites marques à la limite exacte sous laquelle les seins resteront cachés. N'ayez pas peur, Pénélope ne vous mordra pas.

Une atmosphère crispée flotta sur le plateau quand Langevin s'avança, faussement placide. Il tremblait légèrement en approchant les bouts de sparadrap des seins de Pénélope. Alexis aussi, et cela le gênait car il avait tendu son téléphone portable en position photo pour immortaliser ce grand moment de cinéma. Il le garderait en fond d'écran de son Nokia.

Et voilà, ça y était, Langevin avait touché Pénélope, les seins nus de Pénélope. Celle-ci eut un petit regard étonné, mais ce qui amusait Alexis, c'était celui, soupçonneux, de Clara. C'était son tour à elle, de le découvrir dans son travail. Impérial, imprévisible.

Le reste de la journée lui parut dérisoire. Le film se tournait tout seul, Alexis n'avait rien à diriger. Son travail ne consistait plus qu'à écouter et rassurer. Rassurer Johnny qui insistait sur le phrasé de *Je suis bien, je ne pense à rien...* « Oui, Johnny, je comprends, tu veux que ce soit plus intemporel. Pénélope, ma chérie, tu peux le reprendre en plus intemporel pour notre ami Johnny ? » Rassurer Sénéchaud qui se plaignait du temps perdu à refaire les prises : « Ne t'inquiète pas, je ne fais jamais faire d'heures supplémentaires, je suis trop paresseux. » Écouter Clara qui venait lui demander si ce film allait ressembler à quelque chose. Là, il ne savait quoi répondre.

Il allait parfois chuchoter à l'oreille de Pénélope que le client la trouvait bouleversante, et voulait faire d'elle la femme-emblème Taoaya.

Il prenait Langevin à part et, avec un rire de collégien, lui confiait que la petite Pénélope avait avoué à la maquilleuse que le client, en touchant ses seins, avait provoqué chez elle un divin frisson, presque un orgasme.

Un délicieux marivaudage. Et il en était l'ordonnateur.

Le dîner de tournage promettait d'être comme tous les dîners de tournage, aussi ennuyeux que les dîners de chasseurs, avec leurs mêmes concours d'anecdotes, leurs mêmes exagérations, leur même envie d'aller dormir.

Dans la pizzeria de la Piazza Navona, Alexis s'attribua la place présidentielle à l'extrémité de la longue table, puis convia Pénélope à sa droite et Langevin à sa gauche. Les autres occupants n'existaient plus. Pas même Clara qui, à l'autre extrémité, lui lançait des œillades furieuses. Alexis avait créé autour de lui une bulle magique, un climat vénitien. D'une voix de velours, il aiguillait la conversation sur l'érotisme dans le cinéma japonais, et échauffait les esprits de ses deux voisins en leur servant fréquemment un vin d'Asti. Langevin était gris, et Pénélope souriait bizarrement.

Le dessert tardant à venir, Alexis proposa à ses deux voisins d'aller plutôt déguster un gelato sur la terrasse tout en haut de l'hôtel, *vous verrez, un moment de féerie.*

Ils le suivirent, inquiets. Un peu plus inquiets encore quand, arrivé là, Alexis les abandonna avec un sourire pervers, *je dois retrouver le chef opérateur, pour préparer le tournage de demain, ça risque d'être long.* Il les observa de loin : Langevin et Pénélope restaient face à face, embarrassés, comme des adolescents.

Alexis s'attarda dans un café, pensant avec ravissement au miracle qui s'accomplissait là-haut. Avaient-ils déjà piqué vers la chambre ? Il se sentait démiurge.

Quand il regagna la pizzeria, il lança à Clara un clin d'œil de conspirateur auquel elle ne répondit pas. Elle lui apprit que Pénélope venait d'appeler : Langevin était malade, il vomissait partout.

— Pauvre Pénélope, soupira Alexis avec innocence, elle semblait partie pour une si tendre nuit.

— Pénélope ? Ha, ha ! Pénélope ! Elle n'aime que les femmes !

Alexis eut alors l'obscur pressentiment que ce film serait un désastre.

Le lendemain, l'humeur était sombre dans le décor de crique ensoleillée. Langevin était renfrogné et trouvait bonnes toutes les prises : « J'en sais rien, moi, c'est à vous de savoir. » Pénélope avait de petits yeux et se plaignait de maux de tête. Johnny trouvait la lumière trop conventionnelle, Zoé répétait que le décor aurait été plus subtil à Prague, et Clara trouvait les plans trop longs, on risquait de mordre sur les quatre secondes prévues pour le zoom sur le pack-shot. Le reste du temps, elle s'éloignait pour appeler l'agence. Ou Estelle, ou sa mère. N'importe qui, même la concierge de l'immeuble pour lui demander que son mari pose une étagère dans le petit débarras. Alexis, lui, s'épuisait à obtenir de Pénélope un regard de découverte.

On termina le film un peu en avance, l'avion décolla très en retard. Chacun somnola durant le vol pour ne pas devoir converser. C'était un tournage que tous étaient pressés d'oublier.

Il était près de minuit quand Alexis rentra chez lui, poisseux, et trouva deux enveloppes, glissées sous la porte par la concierge.

La première contenait une lettre de son producteur : Adam Roumana l'informait que sa *Zoubeida l'Africaine* ne serait plus diffusée que dans quelques salles d'art et d'essai. Alexis en éprouva une petite douleur sereine ; c'était évidemment pour le public de ces salles-là qu'il avait créé ce film. *Zoubeida* aurait enfin les spectateurs qu'elle méritait.

La seconde enveloppe était épaisse, et avait eu du mal à passer : l'extérieur en était éraflé – une déchirure en forme d'éclair, et Alexis y vit l'annonce d'une tempête. Elle contenait une feuille orange couverte de quelques lignes écrites de la main de Sammy : *Progression et invention ! À vos ordres ! J'ai beaucoup travaillé pour vous, le financement du projet est maintenant assuré. Le conflit interne, je m'en occupe. Quand pouvons-nous reparler de tout ça ? Le plus tôt serait le mieux. À vous de voir. Sammy.*

Alexis, atterré, feuilleta les coupures de journaux jointes. Encore des récits de casses, d'agressions. Les cibles étaient plus diversifiées : des petites agences de banques, des supermarchés. Les techniques un peu plus variées, Sammy avait parfois opéré avec prise d'otages. Souvent, la coupure était assortie de commentaires manuscrits qui se voulaient humoristiques : « Encore plus ! » « De mieux en mieux, est-ce assez ? » « Belle progression. » Il y avait trente ans que les instituteurs n'annotaient plus comme ça.

La glorification de la médiocrité, des méfaits de besogneux, l'opiniâtreté au service d'une petite cause : tout ce qu'Alexis détestait. Il ne se sentait pas homme à tourner une biographie aussi minable, aussi minablement financée.

Mais il aimait l'ordre : il classa coupures et lettre dans un dossier ivoire où il avait déjà rangé les premiers articles. Il imagina Sammy en train de ranger les mêmes articles dans un petit classeur et fut saisi de compassion.

Il balaya du regard les murs gris de son grand séjour ; ils n'avaient pour décoration que des photos de tournage encadrées où figurait Alexis, parlant à de grands réalisateurs ou à des acteurs célèbres. Quant au mobilier, c'était uniquement de belles copies

Louis-Philippe. Son monde, c'était celui-là, pas les dossiers de presse d'un Sammy.

Le plus simple était d'appeler la police et de tout raconter. Ce n'était pas la dénonciation qui l'ennuyait, c'était l'avalanche de complications qu'elle allait entraîner. On le baladerait de service en service, il tomberait sur des abrutis, *Sammy qui ? Et vous, vous êtes*... il allait s'engluer dans les explications. Comme tout honnête homme, il serait convoqué, cuisiné avec des petits regards méfiants, interrogatoires et contre-interrogatoires, peut-être déféré devant un petit juge rêvant d'être vilipendé par *Le Figaro*.

Il but plusieurs vodkas glacées pour se donner du courage et préparer une dénonciation claire et bien argumentée.

Quand il se sentit prêt, il ne l'était plus : les idées étaient là, mais l'élocution ne suivrait pas, il n'était plus en état de dénoncer qui que ce soit. Alors, il happa son téléphone et appela Sammy :

— Demain matin, dix heures, au pied de chez moi, ça irait ?

— Oui, dit Sammy. Pensez à prendre votre portable.

Et il raccrocha. C'était plus simple que la dénonciation. Avec Sammy, tout était simple, presque rassurant. Il se sentait presque content de le revoir pour mieux lui dire adieu. Alexis s'en fut dormir, d'un sommeil lourd que seuls agitaient ses rots aigres de vodka.

10. Champagne à la Goutte d'or

Il était dix heures pile, Alexis tournait depuis un quart d'heure dans son appartement : il lui paraissait plus digne d'arriver avec un léger retard. À dix heures cinq, il ne trouva personne sur le trottoir du rue des Filles-du-Calvaire et en fut consterné : Sammy était-il déjà parti ? Ou avait-il éprouvé un même besoin de dignité légèrement supérieur ?

Son portable sonna :

— Marchez en direction de la Bastille, et tenez-vous prêt.

C'était une voix d'homme qu'il ne connaissait pas. Une voix jeune, autoritaire, désagréable, à laquelle il ne put répondre : on avait raccroché. Alexis marcha donc, un peu vexé d'être dirigé, mais enchanté de la situation ; il vivait une scène de film.

Une moto bleue, une Yamaha 850, le suivit au ralenti et s'arrêta devant lui. Le conducteur, un petit gars fluet, caché derrière un casque intégral, lui intima de la même voix désagréable :

— Montez, vite.

Tandis qu'Alexis enfourchait l'engin, le pilote lui tendit un casque. La moto poursuivit son chemin vers la Bastille, serra à gauche, et fit demi-tour au feu rouge suivant pour repartir en direction opposée. Il faisait froid sur le boulevard, et Alexis frissonnait tandis que l'air glacé de novembre lui remontait le long de ses manches. Il allait arriver enrhumé, ce rendez-vous manquerait de gravité. Dix minutes plus tard, la moto s'arrêta devant un café de la Goutte d'or.

Alexis n'avait jamais mis les pieds à la Goutte d'or, c'était pour lui une *terra ignota*, une cité interdite dans Paris. Il se demandait même parfois si elle existait vraiment. Mais il y avait là, à la terrasse du café, deux individus qui semblaient de chair et d'os, et qui saluèrent le pilote. Un grand type, assez âgé, terne, aux mèches grises aussi tristes que le regard. Et un costaud d'une trentaine d'années, frisé, aux larges épaules et au nez cassé. Le plus âgé vint serrer la main d'Alexis, lui présenta son voisin :

— Moi, c'est Dov, lui, c'est Noureddine. Et lui, c'est Thaddée, dit-il en désignant le pilote qui avait ôté son casque intégral.

Alexis les balaya du regard : le juif, l'arabe, et Thaddée le Corse. Le trio était au complet.

Thaddée avait un visage tout en os, une chevelure en brosse rase qui mettait en valeur son regard dur, affilé. Tous trois jaugeaient Alexis comme une équipe de maçons accueille un intérimaire Manpower.

— Suivez-moi, dit enfin Dov.

Le bistrot était sombre, sale, et sentait la poussière brûlée. Dov le conduisit dans l'arrière-salle. Sammy trônait là, assis devant un jus de tomate et une coupelle d'olives farcies.

— J'étais sûr que vous finiriez par me rappeler.

Toujours cette façon de se mettre en position de force. Alexis regrettait déjà sa décision :

— Si c'était pour me retrouver ici, ce n'était pas la peine de m'enlever sur une moto, vous auriez pu me donner directement l'adresse. Pourquoi tout ce cinéma ?

— Parce que j'aime le cinéma. Et je voulais être prudent, sait-on jamais.

— Ah, c'est agréable, cette confiance !

— Mais non, ne vous vexez pas, c'était juste au cas où on vous aurait suivi. À moto, avec le demi-tour, ça devenait impossible. Je le sais bien que vous n'êtes pas une donneuse, ce n'est pas votre genre. Si vous l'étiez, ça se réglerait à la corse, et ça ferait un grand vide dans votre famille.

Sammy avait dit ça sans menace, gentiment, comme en parlant d'un malheur auquel tous venaient d'échapper. Et pour la première fois de sa vie, Alexis fut heureux d'être orphelin :

— Le vide dans ma famille est déjà fait. Je suis fils unique, mes parents sont morts quand j'avais huit ans, j'ai été élevé par une tante, maintenant décédée. Et je suis célibataire.

— Célibataire ? Ah tiens ! Je vais dire ça à votre fiancée, mademoiselle Anne-Claire Deneyrac, Clara, comme vous dites, demeurant avec sa fille Estelle, sept ans, au 119 bis avenue André Morizet à Boulogne, sixième étage gauche. Votre fille, peut-être ?

— Estelle, ma fille ? Je ne connais sa mère que depuis quatre ans.

— Je me demandais. Mais Clara, c'est quand même votre fiancée.

— Clara ? C'est à peine une copine. On couche ensemble de temps en temps, sans plus.

Ces mots qui voulaient protéger Clara éveillèrent chez Alexis un trouble plaisir. La réalité n'était-elle pas là, toute simple, toute vile ?

— Non, c'est votre fiancée, c'est vous-même qui l'avez dit quand vous me l'avez présentée l'autre jour.

— C'est juste un plan cul. Je n'allais quand même pas la présenter en disant : « C'est juste un plan cul, un petit coup de temps en temps. »

— Un plan cul ! Vous ne devriez pas parler comme ça d'une femme. Et vous lui faites croire qu'elle est votre fiancée, vous êtes cruel.

Alexis regretta de ne pas avoir appelé la police ; la conversation devenait absurde. Sammy sembla le deviner :

— Bon, ce que je dis... vous n'êtes pas venu pour que je vous fasse la morale, menez la vie que vous voulez. Moi, voilà : j'ai réfléchi, je suis prêt à transformer complètement la mienne, elle est entre vos mains.

Cette phrase devait avoir été préparée, et Sammy sembla en guetter l'effet, cherchant une émotion sur le visage d'Alexis. Rien. Déçu, il poursuivit :

— Je veux qu'elle soit filmable. Je ne suis peut-être pas un bon sujet, je peux le devenir, vous devez me guider : je ne veux pas être acteur dans le film, je veux juste que ce soit *exactement* moi à chaque scène, vous comprenez ? Voilà ce que je voulais vous dire. Et vous, c'était quoi ?

— Rien, Sammy, plus rien. Cherchez quelqu'un d'autre pour ce film.

— Non, mon vieux, il n'y aura pas quelqu'un d'autre. Cette idée, ça fait des années que je l'ai en tête. Quand vous êtes venu au ciné-club, quand j'ai vu votre film, quand vous avez parlé, j'ai su que ce serait vous. Vous disiez des mots justes, exacts, comme votre film. Vous êtes un type honnête, vous n'avez pas eu peur de critiquer mon idée, un autre aurait lancé le film et encaissé le pognon sans se poser de questions. Quelqu'un d'autre ? Il n'aurait pas votre talent. *Ton* talent. Ça t'ennuie qu'on se tutoie ? Tous les gens avec qui je travaille, je les tutoie. C'est pareil dans le cinéma, non ?

— Justement, restons au *vous* : ne vous vexez pas, mais je ne veux plus vous voir, plus entendre parler de vous. Je ne travaillerai jamais avec vous.

— Allons, qu'est-ce que t'en sais ?

Le malfrat lui lança une œillade conciliante :

— Soyons au moins amis. Mes amis aussi, je les tutoie. Ça t'ennuie que nous soyons amis ? Tiens, laisse-moi t'offrir le verre de l'amitié.

Sammy leva le bras sans même appeler, et le serveur accourut :

— Pour moi, un jus de tomate et des olives. Et pour toi, un champagne ?

Alexis allait refuser de siroter quoi que ce soit, mais l'idée d'un champagne si tôt le matin, avec un gangster, dans un boui-boui de la Goutte d'or, l'émoustilla. Ce serait si drôle à raconter, plus tard. Il hocha docilement la tête.

— Tu as aimé l'enveloppe ? C'était ce que tu voulais ? ajouta Sammy quand le serveur eut apporté le plateau.

— Ce que je veux, c'est ne plus jamais parler de ça. Je te l'ai dit.

— Ah, « je *te* l'ai dit », ça y est, tu m'as tutoyé, nous voilà amis ! Trinquons à l'amitié et ne parlons plus de ça. Tiens, parlons du conflit interne. J'ai réfléchi, tu as raison, ce serait bien si je me passionnais pour la culture, ça ferait un beau contraste. Tu es cultivé, toi ?

Jamais on ne lui avait posé une question pareille. Alexis avait toujours considéré sa culture comme évidente au regard d'autrui ; il y veillait. Parfois par des citations, mais le procédé lui paraissait vulgaire, il préférait les furtives allusions, presque des mots de passe.

Il expliqua à Sammy qu'il n'était pas *très* cultivé, juste assez pour affronter des revolvers, et comme le malfrat semblait perplexe, il lui rappela avec un sourire indulgent : « Quand j'entends le mot culture, je sors mon revolver », en lui précisant que la phrase était de Hanns Johst, et non de Göring – même si ce dernier la citait fréquemment –, encore moins de Baldur von Schirac ; eh bien pour lui, c'était le contraire, quand il entendait le bruit d'un revolver, il sortait son peu de culture. Et il soupira, satisfait :

tout cela était fumeux, assez chic, un propos d'homme cultivé.

Sammy ne s'en contenta pas.

— C'est important, pour toi, la culture ? Ça te rend meilleur ?

En deux questions, Sammy avait fait vaciller un des piliers de la personnalité d'Alexis. La réponse lui fut soudain évidente, terrible : non, la culture ne le rendait pas meilleur, mais elle lui était importante pour le rendre meilleur *que les autres.*

Il intriqua donc Sammy dans un pathos de culture qui n'était jamais pour soi, qui était échange, matière à partage. Le truand lui sourit avec tendresse :

— C'est beau, cette idée que la culture est faite pour être partagée, je ne la voyais pas comme ça. Alors, toi, tu partages ? Si tu veux, moi, je suis partant. Tu pourrais me parler de ce que tu lis. Qu'est-ce que tu bouquines en ce moment ?

— Je relis *Crime et Châtiment.* Ce n'est pas fait pour être lu, mais pour être relu.

Sammy nota le titre tandis qu'Alexis ajoutait « C'est de Fiodor Dostoïevski », épelant le nom avec une joie méchante, *i tréma, e, v, s, k.*

— Ça peut m'intéresser, tu crois ? Le titre est bien…

— C'est difficile à lire. Très compliqué, très russe. À mi-chemin entre la mystique policière et le policier mystique.

Sammy émit un petit « Ah ! » et garda la bouche

ouverte. Alexis, inquiet, voyait venir la question suivante :

— Tu pourrais me conseiller dans mes lectures ?

Il n'en était pas question, il fallait vite élever un mur entre Sammy et lui :

— Il y a un livre qui serait idéal pour commencer, c'est *La littérature française pour les Nuls*.

Sammy se leva, blême. Son œil semblait encore plus charbonneux :

— Pour les nuls ! Comment oses-tu me sortir un truc pareil ? Je ne permets pas qu'un sale type se moque de moi. Je te confie ma vie, je t'offre mon amitié, et regarde comment tu me parles. Toute ta culture, tout ce que tu lis, tes Baldur et Doïevski, ça ne te sert à rien : tu n'es pas meilleur pour autant, tu ne seras jamais ami de personne. Allez, on s'en va, je te raccompagne.

Il se leva, gagna la sortie, interpella le petit motard :

— Passe-moi les clés, Thaddée, et ton casque. Celui de monsieur aussi, je le reconduis.

Alexis était parvenu à ses fins ; il en eut un peu honte. Et peur. Peur surtout : il voyait apparaître sur le visage du malfrat une férocité insoupçonnée, une violence contenue qui ne le serait peut-être pas toujours. On ne devient pas un caïd en prison par hasard.

Au moment de monter sur la moto, il expliqua à Sammy qu'il était désolé de sa maladresse, mais le livre existait vraiment, on en disait du bien.

Et il comprit qu'il était en train de parler à Sammy comme on parle à un ami qu'on vient de blesser. Sammy le comprit aussi et lui passa la main sur l'épaule, là, devant tout le monde. Il venait d'être adoubé ami de Sammy Raggi, au vu et au su de toute la Goutte d'or. De tout le milieu sans doute.

La moto démarra. Au feu rouge de la République, Sammy demanda :

— La Clara dont tu me parlais, pourquoi tu continues à coucher avec elle, si tu t'en fous ? C'est vraiment extraordinaire avec elle, au lit ?

— C'est à peu près ça, c'est un très bon coup.

Sammy entendait mal, il était gêné par son casque et par le bruit de la moto. Il se fit répéter deux fois la réponse, plus fort, *oui, Clara c'était un très bon coup*. Une dame d'âge mûr, plantée au feu rouge, les regarda, offusquée.

— Et quand vous êtes au lit, elle fait ça normalement, ou elle fait des trucs ?

Alexis répondit que Clara ne lui faisait pas de trucs, mais que c'était un très bon coup quand même.

— Comment ? Parle plus fort !

Alexis dut le répéter en criant, cela devenait gênant.

— Bon, allez, ça suffit, Sammy, démarre, c'est vert.

— Je disais ça pour faire la conversation, Alexis, je m'intéresse à toi, c'est normal, puisqu'on va travailler ensemble. On le fera, ton film.

La moto démarra ; Alexis reconnut alors la dame indignée, c'était sa voisine du dessous, la vieille demoiselle Boudard.

11. Sauvignon au Fouquet's

Alexis remonta chez lui abattu. Il avait voulu se dégager des mailles d'un filet, et s'y était encore plus empêtré. Comment échapper à ce malfrat qui voulait tout partager, les casses, son film, la culture et l'amitié ? Le téléphone sonna ; ce devait être Sammy. Alexis prépara quelques belles phrases de rupture définitive ; au téléphone, ce serait plus facile.

Mais ce n'était que Philippe Gassier :

— Je viens aux nouvelles pour le scénario. Ou pour autre chose, n'importe quoi, ça devient très urgent, l'huissier est passé chez moi ce matin. Il a fait tout emporter, même ma collection d'ocarinas. Je vais être expulsé, j'ai pensé que tu pourrais m'héberger quelques jours.

Alexis ne voulait pas héberger qui que ce soit, surtout pas un ami qui lui donnerait mauvaise conscience, un type sans dignité qui pleurerait ses ocarinas. Il assura à Philippe que ce ne serait pas la peine de déménager, le projet de film était en bonne voie. Et il lui promit de le rappeler.

Alexis devait, le soir, retrouver Clara à l'agence pour aller visionner les rushes Taoaya et il pressentait que ce serait l'apothéose de cette journée lamentable.

Quand Alexis arriva à l'agence, l'hôtesse annonça que Clara serait en retard : une réunion avec le planning stratégique venait de commencer. C'était une autre hôtesse, plus sexy que l'habituelle. Une beauté provocante, à la limite de la vulgarité. Elle portait son chemisier bleu ciel très ouvert, et Alexis vérifia, à tout hasard, si son soutien-gorge n'était pas kaki.

— Vous êtes nouvelle, ici ?

— Je suis juste intérimaire, pour quelques jours.

Il y avait dans son regard une fluorescence d'offre exceptionnelle à saisir.

— Et vous, reprit-elle, je ne vous ai pas encore vu à l'agence. Vous faites quoi, ici ?

— Je ne suis pas de l'agence, je travaille pour eux. Je suis metteur en scène…

Et, pour être sûr de l'impact, il ajouta « de cinéma ». Le coup porta : la fille cambra fièrement le buste :

— Vous en avez de la chance. J'ai toujours rêvé de travailler dans le cinéma. D'ailleurs, je m'appelle Beverley.

Son vrai nom devait être Sandrine. Mais il était plus amusant de draguer une Beverley. Et puisque Clara était en retard, il s'y employa à titre de représailles. Une demi-heure plus tard, il savait tout de Beverley et même qu'elle ne faisait justement rien ce soir-là. Il lui promit de la convoquer un jour pour des castings et elle lui donna avec empressement son numéro de téléphone. Elle sourit en ourlant ses lèvres gonflées, chaudes, qui semblaient chercher une bouche où se rafraîchir. Alexis avait un faible pour les filles faciles, et il se demanda ce qu'il aimait en Clara.

Celle-ci sortait justement de la réunion fatiguée, tendue, et Alexis pensa que même ainsi, elle lui plaisait. Clara était une femme forte, elle avançait durement en portant ses ennuis, et parfois ceux des autres. Il les lui confia donc tandis qu'elle conduisait la Golf qui les menait vers la projection :

— Clara, j'ai de gros soucis, il faut que je te raconte.

— Avec Philippe ? Il t'a appelé, toi aussi ? Ne t'inquiète pas, on va voir ce qu'on peut faire…

— Philippe, ce n'est pas grave ; ce qui est grave, c'est moi.

Et il lui révéla l'effroyable situation dans laquelle l'enfermait Sammy. Il lui dit tout, presque tout, en enjolivant à peine son rôle : s'il avait accepté de revoir ce malfrat, c'était parce que ce type le menaçait de représailles sur Clara et la petite Estelle, Alexis s'était donc sacrifié pour les protéger.

Elle restait étonnamment calme : une moto avait dérapé sous la pluie glacée, et créé un embouteillage à hauteur de la porte de Versailles, tout le monde klaxonnait sauf Clara. Elle écoutait, doucement, posant quelques questions, pour préciser les données. Elle soupira enfin :

— Mon pauvre chéri. On va trouver une solution.

Alexis aimait se faire appeler mon pauvre chéri. Il n'y avait que Clara pour si bien dire *mon pauvre chéri*. Elle conduisait, silencieuse, mais il l'entendait réfléchir.

Deux bouchons plus tard, la solution était là. Et tandis qu'elle la lui expliquait, Alexis approuvait, soulagé : oui, il appellerait Sammy, oui il appellerait Philippe, oui, le Fouquet's ce serait très bien. Et Clara ruminait cette histoire en jetant de brefs coups d'œil respectueux à son passager : elle admirait en lui son talent, presque son génie, pour trouver les plages les plus polluées et venir s'y baigner.

Thierry Sénéchaud, Johnny et Zoé affichaient une mine sombre quand Alexis et Clara arrivèrent en salle de projection.

— Vous en faites une tête, lança Alexis. C'est parce que vous n'avez pas encore pu voir les rushes ? Il ne fallait pas nous attendre !

— Non, c'est parce qu'on les a vus. On ne vous a pas attendus.

Alexis les visionna à son tour et comprit leur déception. Le jeu des acteurs était mou, pesant. Leurs regards inexpressifs. Les mouvements sans grâce. Les seules réussites étaient la lumière, le décor, et le packshot, les trois points dont Alexis s'était le moins occupé.

Quand on ralluma la salle, Alexis cherchait encore ses mots :

— Bon, il y a une écriture ; quand le montage sera achevé, il y aura un style. À l'arrivée, il y aura un film.

Alexis et Clara s'en furent ensemble. « Tu peux me déposer Porte Maillot ? » avait-il demandé, très haut puisqu'elle ne tenait pas à afficher leur liaison.

— Ce film, tu crois que tu pourras en faire quelque chose ? s'inquiéta Clara dans le premier embouteillage, sans le regarder.

— Il est exactement comme je le voyais.

C'était la vérité : il n'avait jamais vu comment serait ce film.

— Et il sera bien ?

— C'est un film qui va casser les codes.

— Mais enfin, qui t'a demandé de casser les codes ? Moi ? Personne !

Alexis resta coi. Quand ils passèrent Porte Maillot, il pria Clara d'arrêter la Golf près de la bouche du métro.

— Rappelle-toi, tu me déposes, dit-il, léger.

Clara se gara devant le Palais des Congrès sans couper le moteur.

— Mais qu'est-ce qui t'arrive ? On devait passer la soirée ensemble. J'ai réservé maman, elle va garder Estelle.

Ce qui allait lui arriver, Alexis le savait très bien : elle allait lui parler à nouveau du film, elle le ferait sans tact, avec des comment, des pourquoi, des sales questions trop précises auxquelles il ne pourrait répondre.

— J'ai besoin de réfléchir seul, je me demande s'il ne faudrait pas une musique de fond sur ce film. Je vais passer la soirée à y travailler.

Et, descendu à la Bastille, Alexis appela Beverley.

La soirée-à-y-travailler était en passe de bien se

terminer quand le téléphone d'Alexis sonna. Beverley, qui ne tenait pas le champagne, décrocha et se présenta en bafouillant ; elle ne put aller loin, on avait raccroché. Elle fit part du coup de fil à Alexis qui venait d'ouvrir une nouvelle bouteille : la fille qui avait appelé, c'était une Clara Quelquechose. Ah, oui, la Clara de l'agence, se souvint-elle alors.

Le lendemain, en arrivant au Fouquet's, Philippe Gassier était optimiste : le coup de téléphone d'Alexis l'avait rassuré. Le chantier était lancé, le producteur, un certain Sammy, allait lui préciser le projet de film sur lequel Philippe devrait travailler, mais cela devait se faire dans la plus grande discrétion, car ce Sammy avait horreur des bruissements médiatiques.

Le lendemain, en arrivant au Fouquet's, Sammy Raggi était optimiste : le coup de téléphone d'Alexis l'avait rassuré. Son ami avait raison, la solution c'était de faire travailler un scénariste qui, partant de la vie de Sammy, de son personnage, proposerait les évolutions nécessaires pour en faire un vrai film. Pour ne pas bloquer le scénariste, un certain Philippe Gassier, il faudrait tricher, et lui laisser croire qu'il travaillait sur un personnage imaginaire. Et Sammy serait présenté comme le producteur qui avait eu l'idée du film et du personnage.

Le lendemain, en arrivant au Fouquet's, Alexis était moins pessimiste : il aurait désormais avec Sammy et avec Philippe des rapports intermittents et irresponsables. Des rapports comme il voulait en avoir avec tous ses amis. Et même avec Clara, mais avec elle, c'était plus difficile.

Il l'avait appelée ce matin-là pour dédramatiser l'incident de la nuit, mais Clara aimait les drames. Elle lui avait annoncé qu'elle préférait mettre un peu de distance entre lui et elle – avait-elle dit *un peu* ? il n'en était plus sûr. Elle avait ajouté qu'elle continuerait à le voir pour la post-production du film puisque c'était hélas inévitable – le *hélas*, elle l'avait dit, il en était sûr. Elle avait même conclu : « Ce seront des rapports strictement professionnels, si l'on peut parler de professionnalisme. » Elle était comme ça, Clara.

Alexis n'était jamais venu au Fouquet's. Il avait toujours gardé cette adresse en réserve, pour le soir où il fêterait son premier César.

Sammy l'attendait, un jus de tomate à la main. Il était seul, au fond de la salle, devant le grand miroir qui l'auréolait d'un surcroît d'espace et de silence. Sammy régnait dans ce décor de bois chaud et de rouge fraise, un beau décor pour truand.

Le malfrat semblait trouver à son goût les olives farcies du Fouquet's et les choisissait une par une, comme il aurait choisi des perles dans un coffre. Il portait de grosses lunettes noires suffisamment envahissantes pour décourager tout portrait-robot et s'était habillé en producteur, tel qu'il imaginait un producteur : costume gris sombre à rayures fines, chemise blanche sans cravate. Et Alexis pensa soudain que Sammy aurait fait un remarquable producteur : illuminé, obstiné, séducteur, flambeur et âpre au gain.

Alexis s'assit en face de lui, et commanda un verre de sauvignon ; au Fouquet's, ce devait être chic.

— Tu es en retard, fit remarquer Sammy.

— Excuse-moi, dans le cinéma, c'est fréquent. J'ai essayé de te prévenir sur ton portable, mais il n'y avait plus de réseau.

— Tiens, c'est curieux, moi j'en avais. Bon, note le numéro de Dov, si un jour tu n'arrives pas à me joindre.

Philippe arriva peu après. Alexis fit les présentations, et quand il les vit l'un à côté de l'autre, il eut soudain l'impression que ces deux-là étaient depuis longtemps destinés à œuvrer ensemble.

— Vous êtes en retard, monsieur Gassier, commença Sammy.

— Désolé, bafouilla Philippe, vous savez comme on est, dans le cinéma.

— Moi, je suis un type qui arrive à l'heure, vous le saurez : on est comme ça dans mon cinéma à moi.

Et voilà, la réunion n'avait pas commencé, et Sammy s'était installé en patron, naturellement, sans forcer. Il ne serait pas un producteur comme les autres, et Philippe allait devoir se mettre ça dans la tête.

— Je rappelle la règle du jeu, annonça Alexis, Sammy nous apporte le financement et le personnage, et Philippe nous apportera l'histoire. Cette histoire doit être forte, mais plausible, car nous tenons beaucoup au caractère d'exactitude de ce film, lui et moi. Et maintenant, je vous laisse en parler.

Et il recula son siège, comme pour affirmer sa totale irresponsabilité.

— Alors, grogna Sammy avec gourmandise, Alexis vous a parlé du personnage principal. Qu'en pensez-vous ?

— Le type est intéressant, il est très mode, avec ce mélange de cultures, juive, arabe, corse. Une riche nature.

— C'est bien dit, excellent résumé. Et comment vous le voyez évoluer ?

— À ce stade, je n'en ai aucune idée, il faut d'abord le construire, il n'est ni fait ni à faire, votre bonhomme. C'est juste un brouillon.

— Eh ben, dites donc…

— Entre nous, il est falot, ce truand, il manque encore d'envergure.

La mine de Sammy se défaisait, Alexis jubilait.

— Il a quand même une vie bien remplie, objecta le malfrat.

— Une vie bien remplie de rien. Il fait un casse, deux casses, dix casses. Et alors ? Ça ne fait pas un film, ça, il ne lui arrive rien d'humain, vous comprenez, il n'a pas de vraie personnalité.

— C'est vite dit, vous ne le connaissez pas.

— Bien sûr, on ne le connaît pas. On ne sait même pas s'il a des amis.

— Ah, Alexis ne vous a pas expliqué ? Il travaille

toujours avec trois amis, un Corse, un juif, un arabe. C'est original, non ?

— Ceux-là, je sais : ce sont des complices, ça reste des histoires de casse. Il lui faudrait un vrai ami, vous comprenez ?

— Oui, j'y avais pensé. Dans mon esprit, il a un vrai ami, d'un milieu très différent, genre culturel, vous voyez ? Mais ce type-là ne veut pas être réellement son ami…

Alexis se tortilla, embarrassé. Des femmes lui avaient déjà fait des déclarations d'amour, il savait comment les gérer. Mais une déclaration d'amitié ? Il s'en sentait flatté et écrasé, comme un élu sous le doigt de Dieu. Il suggéra qu'on évite ce genre de mélo et Sammy appela le garçon.

— Ah, c'est bien, relança Philippe, ce coup de l'ami cultivé, ça crée une tension. L'autre truc qui me gêne, c'est que votre gars n'a pas de femmes. Il est gay ? Je me demande si ce n'est pas *too much*.

Philippe avait parlé fort dans ce monde feutré, où tout s'entendait, même le froufrou du grand tablier du garçon qui approchait et s'était pudiquement arrêté à ces mots. D'un signe, Sammy demanda une nouvelle coupelle d'olives farcies et reprit :

— Complètement d'accord avec vous. C'est pas son truc, pas du tout.

— Et alors, c'est quoi son truc ? Il n'aime pas les femmes ?

— Bien sûr que si !

Sammy avait serré nerveusement son verre de

jus de tomate.

— Dans ce cas, il a une femme ? appuya Philippe sans délicatesse.

— Oui, il en a plusieurs, à droite, à gauche.

— Des filles du milieu, des putes ?

— Non, pas forcément – Sammy fixait ses chaussures d'un œil ennuyé.

— Ce qu'il lui faudrait, c'est une gonzesse très décalée par rapport à lui, une fille bien, ça ferait un contrepoint, vous ne croyez pas ?

Philippe modelait un nouveau Sammy, et Alexis admirait avec un peu d'appréhension : c'était un jeu amusant, mais le règlement n'en précisait pas la fin.

— Pour la femme, vous avez peut-être raison, concéda Sammy. Je n'avais pas vu les choses comme ça, mais pourquoi pas ? Ça peut se faire. Et qu'est-ce qui va leur arriver ?

— Je n'en sais rien, moi, je le connais à peine votre gangster, je vais travailler, je suis scénariste, pas devin. Je vous ferai des propositions.

— Bon, eh bien, travaillez. Mais globalement, le personnage est intéressant, vous êtes d'accord ? Il y a de quoi faire un bon film ?

— Disons qu'il est prometteur.

— Voilà, prometteur, s'extasia Sammy en déposant quelques petits billets sur la table. Tu as entendu, Alexis, Philippe le trouve prometteur.

Il se leva et prophétisa gravement :

— Vous voulez que je vous dise ? Le film va faire un malheur.

Alexis détourna le regard : comme beaucoup de réalisateurs, il était superstitieux et considérait les dieux comme susceptibles. Il évitait de leur forcer publiquement la main tant que le clap de début n'avait pas fait entendre son claquement joyeux. Philippe n'avait pas de telles prévenances. Il lança un sourire servile qui charma le malfrat :

— Tu me plais, Philippe, on se tutoie puisqu'on va travailler ensemble. Réfléchis à ce qu'il te faut comme avance, je te paie en cash. Et rappelle-moi, je te laisse mon numéro.

Et tandis qu'ils se séparaient, Alexis se sentit envahi d'une confuse jalousie.

12. Un bon arrangement

— Je ne bande pas !

Léo Lebail, directeur général de la Générale de Produits Cosmétiques – on disait GPC – semblait prêt à faire constater sa désolation à tous les participants. On venait de lui projeter le montage du film Taoaya et il secouait la tête, affligé. Clara, Johnny, Zoé et Thierry Sénéchaud échangeaient avec Langevin des regards appréhensifs.

— C'est quoi ce film ? reprit Léo Lebail. C'est une version export pour l'Iran et l'Afghanistan ?

Alexis ne répondait pas, ne comprenait pas. Tout s'était si bien passé jusqu'à cette étape : lors de la réunion précédente, Langevin s'était montré si élogieux « Et pourtant, maintenant je peux vous le dire, à la fin du tournage j'avais quelques craintes », mais finalement tout lui plaisait, la douceur du montage et la subtilité du jeu des acteurs. « Il y a dans ce film une telle implicitation. »

Modeste, Alexis avait souligné que ce film était *exactement comme il l'avait toujours vu* : « Au départ, j'ai cherché une écriture, au montage j'ai ajouté un style, à l'arrivée, il y a un film. » L'équipe créative de l'agence avait paru moins enthousiaste ; Clara, elle, n'avait pas caché sa consternation. Mais Alexis l'avait mouchée, ce n'était pas pour elle qu'il avait créé ce film, c'était pour son client, et son client était comblé. En conclusion, Langevin avait d'ailleurs annoncé : « Par courtoisie, je vais le montrer à mon directeur général, c'est une simple formalité. »

Et Alexis découvrait ce jour-là qu'aucune formalité n'était simple dans le monde de la communication.

Léo Lebail demanda qu'on lui projette à nouveau le film, secoua la tête et confirma qu'il ne bandait pas. Il ajouta : « Excusez-moi, mesdames », et ce fut là qu'Alexis le trouva vraiment vulgaire.

Léo Lebail voulait maintenant voir les rushes, on les lui fit préparer. Il demanda un café, on le lui fit servir. Il demanda le story-board, on le lui fit apporter. Il allait demander la tête de quelqu'un, et chacun se préparait à lui livrer celle de son voisin.

Lebail commença par un exposé sur *sa philosophie de la publicité*. Alexis, placé à sa droite, se demandait s'il était opportun de prendre des notes sous l'œil du maître. Il ignorait que chaque client avait une philosophie de la publicité, il n'imaginait même pas que la publicité pût avoir une philosophie.

— Un bon film, institua Lebail, c'est quand le spectateur devine comment ça va finir avant que ce soit fini. Dans le story-board, on devine très bien, on peut seulement se demander si ça se termine dans la baignoire ou au plumard. Taoaya, ça ne sert pas à faire de la mousse. Taoaya, c'est une épice sur le gigot,

Taoaya, c'est un emballage, excusez-moi mesdames, pour les femmes qui vont se faire sauter ou qui en rêvent.

Lebail interrompit ses prolégomènes pour fouiller sa narine et en arracher un poil douteux.

— Dans ce que vous avez tourné, il y a une femme qui regarde comme si elle voyait un cancrelat au bout de sa baignoire, et un homme qui se pointe comme un expert en assurances venu évaluer un dégât des eaux. On se demande si les deux ne vont pas repartir en s'excusant. Votre film est un tue-l'amour.

Et tandis que se succédaient les rushes, il poussait un soupir chaque fois qu'on apercevait les seins de Pénélope : « Cette fille a des nichons superbes, c'est idiot de les avoir cachés. » Et soudain : « Arrêtez ! Faites marche arrière, là, sur cette image ! C'est quoi ces deux trucs sur les tétons de la nana ? »

Il y eut un silence tendu qui en rappela un autre à Alexis : il avait jadis tourné un court-métrage sur un torero. C'était un silence de corrida. La réunion allait tourner à la corrida et Alexis hésitait sur le rôle qu'il voulait y jouer.

Si Langevin s'était plié à ses désirs, s'il avait au moins *tenté* de séduire Pénélope, Alexis aurait peut-être accepté, par gratitude, de jouer le rôle du toro, d'endosser toutes ses responsabilités et même celles de Langevin. Mais il n'était tenu à aucune reconnaissance envers cet ivrogne empêché. Tout bien réfléchi, Alexis se voyait plutôt en *banderillero*, histoire de faire admirer sa contondante élégance. À moins que le toro ne soit dangereux, il avait peut-être la combativité des imbéciles, ce Langevin. Oui, *puntillero*, celui qui porte le coup de grâce après l'estocade, ce serait plus raisonnable.

— C'est quoi ces deux trucs, je demande ? relança Lebail.

— Ce sont les lignes jaunes de la décence, celles que monsieur Langevin nous avait interdit d'outrepasser durant le tournage, répondit lentement Thierry Sénéchaud, en dégustant chacun de ses mots.

— Mais, c'est monsieur Pirief qui... gémit Langevin.

Non, il y avait mieux que puntillero, Alexis serait le *mozo de espada,* le valet d'épée, celui qui tend l'arme au matador : il se pencha vers Lebail, et lui montra la page d'accueil de son Nokia.

On passa alors à la mise à mort.

Le verdict tomba le lendemain : Langevin était licencié. Lebail refusait le film, refusait de le payer, considérant que la responsabilité de l'agence était engagée : pourquoi n'avait-elle pas signalé que son directeur du marketing était un détraqué sexuel, un pervers ? Lebail exigeait un nouveau tournage du film, *bien hot*, sans pudibonderie. On attendrait pour cela la mise au point du nouveau packaging de Taoaya, c'était l'affaire de quelques mois.

Alexis jugea que cela faisait une jolie fin, très morale. Il fut donc surpris d'être convoqué le lendemain à l'agence, comme un vulgaire fournisseur.

Il fut accueilli en salle de réunion comme devant un tribunal. Thierry Sénéchaud était là, Clara aussi, accompagnée par le directeur financier de l'agence et le directeur de création.

Et Alexis comprit que l'accusé, c'était lui.

Mais on le traitait comme un accusé évident, irresponsable, trop léger pour mériter un réquisitoire. Le vrai enjeu des débats était plus important, c'était l'argent. Alexis découvrait que les sommes dépensées, les impayés n'étaient pas seulement de gros chiffres assez valorisants, c'étaient des projets de licenciements pour l'agence, des menaces de dépôt de bilan pour Sénéchaud.

Les discussions étaient âpres ; on y glissait parfois le nom de Pirief, on le désignait sans le regarder, comme s'il n'avait été qu'un dossier posé sur le bureau. Le plus souvent, même dans la bouche de Clara, il n'était que « lui » ou « il », avec un petit coup de menton.

Le compromis trouvé parut acceptable à tout le monde, on ne demanda pas l'avis d'Alexis, on le lui présenta comme une bonne manière : l'agence confierait à Thierry Sénéchaud le retournage Taoaya, mais ne lui rembourserait pas le solde des sommes engagées sur le film refusé. Elle lui permettrait de se refaire en tournant un film institutionnel pour son client Noctissimo, une chaîne internationale d'hôtels franchisés. Un film assez ingrat, besogneux, qui nécessiterait de courts tournages en Pologne, en Finlande, en Slovénie et en Turquie. Et quelques petits films promotionnels en province, aux frais de chaque hôtel intéressé.

Thierry Sénéchaud confierait à Alexis la réalisation – gratuite – de ces films : il n'aurait droit qu'aux défraiements de voyage. On lui paierait le solde de ses honoraires Taoaya à l'issue du second tournage, si tout se passait bien. S'il refusait, on se passerait de lui. Des morts de faim qui accepteraient en disant merci, ça se trouvait toujours.

Chacun comptait se refaire sur le dos du voisin, ce devait être un bon arrangement.

Alexis les écoutait, abattu. Il se sentait vaguement roulé, mais craignait de paraître ridicule en s'en plaignant, surtout devant Clara. Peut-être allait-elle l'humilier publiquement. Il tentait de faire ses comptes de mémoire. Combien d'heures travaillées allait-il lui manquer pour toucher l'allocation chômage des intermittents ? Il essayait d'imaginer comment survivre pendant les mois qui précéderaient le nouveau tournage Taoaya. Il se demandait s'il était déjà un mort de faim.

— Monsieur Pirief est-il d'accord ? demanda le directeur financier.

Alexis fit mine de relire ses notes, et conclut d'un ton badin :

— La Slovénie… moi, je suis enchanté d'aller tourner en Slovénie. Ce n'est pas grave que ce ne soit pas payé, ça m'amuse : il y a là-bas un jeune cinéma qui commence, je vais renifler ça de plus près. Les autres pays, ça me fera un peu de tourisme. Et la province, bien sûr, j'adore la province en hiver.

Alexis avait lancé cela sans lever les yeux, il devina le regard que Clara posait sur lui : ce ne devait plus être du mépris, simplement de la pitié. Il releva la tête et découvrit que tout le monde le fixait avec ce même regard.

Et ce soir-là, après avoir bu, Alexis écrivit une nouvelle lettre à Clara. C'était une habitude qu'il avait prise longtemps auparavant, lors de leur première crise : il se lançait dans de douloureuses missives de justification, de tentative de réconciliation. De superbes textes au style très travaillé, qu'il prenait ensuite plaisir à relire, car il ne les postait pas. Il se sentait tellement plus sincère, plus convaincant, quand ses propos étaient lancés dans le vide, sans qu'elle ne puisse y répondre. Il datait et classait toutes ces lettres dans un grand dossier gris anthracite qu'il tenait caché dans le banc-coffre de l'entrée.

Il se demandait pourquoi leur relation était si féconde, si romanesque, dès qu'ils se séparaient. Et il se disait parfois que sa vraie vie avec Clara, c'était celle qu'il menait avec elle dans le classeur gris. L'autre, celle qu'ils menaient épisodiquement à deux, n'était qu'une apparence, une image platonicienne dans la caverne, mais Alexis s'aventurait prudemment dans cette dernière pensée, n'étant pas certain d'en maîtriser les éléments.

Il acheva sa lettre, la relut, chaviré, et se coucha. Tandis qu'il ne s'endormait pas, il se prit à regretter Sammy, ses extravagances et sa débordante amitié. Il n'était plus sûr d'avoir pris les bonnes décisions.

13. Figure imposée

Pendant ce temps, Sammy, lui, ne regrettait rien. Juché sur le siège arrière de la Honda GoldWing, il vivait intensément sa nouvelle vie de bon sujet de film : c'était enfin sa vraie vie, celle dont il avait toujours rêvé. Il se retourna vers la voiture de police, quelques dizaines de mètres derrière lui :

— Ralentis, dit-il en tapant l'épaule de Thaddée qui pilotait, ils coincent à la Porte Maillot, on est en train de les larguer.

Thaddée pesta, mais s'exécuta, imité par Noureddine qui pilotait l'autre Honda. Assis sur la selle arrière, Dov fit un signe de désarroi à Sammy, mais ce dernier l'ignora, tendant simplement le bras vers la Défense qu'on devinait dans la brume de fin novembre.

Les voitures de police qui les poursuivaient se rapprochèrent, et les deux motos accélérèrent ; elles gardaient toujours une douzaine de voitures d'avance, parfois un peu plus quand elles se glissaient entre les files, dès que la circulation se tassait. Sammy les faisait alors ralentir : le gibier devait laisser une chance au chasseur.

— Prends le périphérique de la Défense, cria Sammy, quand ils traversèrent la Seine.

Ce parcours allait surprendre ses trois amis. Sammy en était embarrassé, mais comment leur expliquer ? Pouvait-il leur avouer que c'était une idée de scénariste ?

Philippe avait insisté : après un bon casse, il fallait une poursuite, c'était une figure imposée du cinéma.

— Et si les malfrats sont à moto, ce n'est peut-être pas la peine ? avait suggéré Sammy.

— À moto ? Excellente idée ! Ça renouvellera l'exercice. Je verrais bien toute une séquence dans un grand parking, ce serait spectaculaire à filmer, avec le sol qui crisse !

Sammy ne savait pas encore si ce serait un jour spectaculaire à filmer, mais c'était spectaculaire à vivre. Il demanda à Noureddine de prendre la sortie 6 de la Défense.

— La 6, mais c'est une connerie, elle débouche dans le parking !

— Discute pas, fonce, ils sont derrière. Colle-toi derrière le 4x4 qui entre.

Il fit signe à Thaddée de les suivre. Les deux motos se glissèrent contre la voiture qui entrait, pénétrèrent dans le parking avec elle. Et soudain Sammy comprit que Noureddine avait raison, oui, c'était une énorme connerie. Philippe n'avait jamais été poursuivi dans un parking, il n'avait pas imaginé le danger : les flics qui les suivaient allaient appeler des renforts et bloquer les sorties. Leur seule chance serait alors de fuir à pied par les escaliers en abandonnant là les motos, les sacs. Et son ascendant sur ses hommes.

Il fallait gagner la sortie, en parcourant tous les étages de l'immense parking avant que les renforts n'arrivent. Les voitures des flics s'étaient lancées à leur poursuite, leurs sirènes étaient maintenant déclenchées. Un jeu de gamins.

Le jeu devenait dangereux : la moto de Thaddée dérapa sur une traînée d'huile et se coucha. Le jeune Corse roula au sol avec Dov qui resta étendu.

— Demi-tour ! cria Sammy à Noureddine.

— Vite, ils sont au niveau juste au-dessus, ils vont nous coincer.

Noureddine s'arrêta devant la moto renversée. Thaddée était déjà debout, Dov se relevait plus difficilement. Sammy sauta pour aider Thaddée à redresser la moto trop lourde pour lui. Elle avait calé et ne repartait plus. Quand le moteur redémarra enfin, on voyait les gyrophares au bout de l'allée. Ils n'eurent que le temps de fuir.

Leurs deux motos passèrent le péage et se faufilèrent entre deux fourgonnettes alors que quatre voitures de police arrivaient par la bretelle d'accès : Sammy avait gagné la partie de quelques secondes, et il eut le temps de lancer une vague action de grâces sans destinataire précis.

— Tu me déposes à Boulogne, place Marcel Sembat, et vous continuez.

Son cœur battait vilainement et lui faisait mal. Il y avait longtemps qu'il n'avait plus éprouvé cette douleur tant aimée.

Sammy vit repartir Thaddée, Noureddine et

Dov : leurs deux motos filaient en direction du pont de Saint-Cloud, et il se sentit très seul. La poursuite de la Défense avait été excitante, cinématographique, mais elle lui semblait avoir brisé un lien entre lui et ses hommes.

Et Sammy avait raison : Thaddée et Noureddine garèrent les motos dans la cour d'un café arménien du Bas-Meudon puis s'installèrent en terrasse. Dov, resté sur le trottoir, paraissait hésiter à les rejoindre, comme s'il devinait le sujet de la conversation. Il s'y résolut enfin et appela le serveur : une bière pour lui, un café pour Thaddée, un jus d'orange pour Noureddine. Les regards se fuyaient, ce serait une conversation ennuyeuse, inévitable.

— Il faudrait qu'on parle à Sammy, ça ne va pas, lâcha enfin Dov.

Il n'en avait pas dit plus, il voulait juste ouvrir les vannes pour que se libère la tension qu'il sentait monter. Ce n'étaient que hochements de tête, soupirs, grognements, et c'était à lui, l'ancien, de laisser les cœurs vider leurs excédents.

Le flot se déversa, confus, acide, un peu sale : les deux jeunes jugeaient tous ces risques absurdes, ça ne les amusait pas, ça ne rapportait rien. Ils envisageaient de se mettre à leur compte, ils pouvaient très bien travailler à deux, avec les mêmes techniques. Et avec Dov s'il voulait.

Ce dernier les écoutait, atterré. C'était pire qu'il ne le craignait. Attendaient-ils que Dov transmette ces récriminations, ces menaces auprès de Sammy ?

Il n'en était pas question : Dov était aussi couard qu'eux. Sammy était un violent, même son calme était violent. Tous trois avaient peur de lui, de ses colères, Dov encore plus que les autres.

Et comme personne n'osait en faire l'aveu, ils préférèrent traiter de sujets annexes, ils cherchèrent l'origine de ces dérèglements, c'était peut-être lié à l'apparition de cet Alexis, ce type pas net, qui avançait tout en esquives, comme un chat castré. Ils discutèrent du délai qu'ils devaient accorder à Sammy pour se ressaisir – ils n'osaient pas parler de sursis.

En attendant, *on* allait lui suggérer de travailler comme avant, plus sobrement, comme à l'époque où ils n'étaient qu'une honnête petite association de malfaiteurs. On en était tous d'accord, puisque le volontaire n'était pas désigné. On était tous d'accord sur la lâcheté des autres.

— Vous avez raison, il faut qu'on arrête tout ce cinéma, conclut Dov en payant les consommations.

Pendant ce temps, Sammy remontait l'avenue André Morizet, en trottant : pour la séquence qu'il allait maintenant jouer, il devait arriver en ayant couru. Cette séquence lui paraissait autrement plus risquée que la petite poursuite de La Défense, il allait partir seul au feu, en terrain vraiment inconnu.

Philippe avait lancé l'idée comme ça, au Fouquet's, après un troisième verre de Glenmorangie. Et si Sammy n'avait pas été protégé par ses énormes lunettes noires, son regard aurait trahi toutes ses émotions : l'excitation, la joie, l'inquiétude.

— J'ai réfléchi sur Momo… avait commencé Philippe.

Philippe s'obstinait à appeler le héros Momo. Momo, comme Moïse, comme Mohammed, comme Maurizio, idéal non ? Sammy avait aussitôt opposé son veto : jamais le héros ne porterait un nom aussi ridicule.

— Et qu'est-ce que tu proposes, toi ?

Sammy, embarrassé, avait suggéré qu'on attende le tournage pour donner un nom au héros.

— D'ici là, on va garder Momo comme simple nom de code, avait insisté Philippe.

Sammy avait accepté, mais il n'était pas dupe, Philippe cherchait à l'accoutumer à ce sobriquet, à user ses résistances.

— J'ai réfléchi sur Momo, poursuivit le scénariste, sur sa femme décalée, il ne faut pas qu'il soit avec elle dès le départ. Elle va apparaître en cours de film. On verra Momo la séduire, comme un défi qu'il se lance pour sortir de son personnage.

C'était là que Sammy avait ouvert les yeux : Philippe avait du talent – mis à part ce Momo, mais Alexis, lui, avait du génie. En acceptant de s'effacer, il avait donné toutes ses chances à la grande idée de Sammy.

Ce personnage qu'il devenait était grisant. La vie que lui écrivait Philippe, c'était enfin la sienne, la vraie. Celle qu'il avait menée jusque là n'était qu'un brouillon. Ces casses, ces poursuites, tout était exaltant ; la suite le serait plus encore, il allait séduire une femme décalée.

Il tapa B802 et emprunta l'escalier, pour paraître plus essoufflé.

Il atteignit le sixième et vérifia sa tenue dans le miroir du palier : le costume gris qu'il avait endossé pour jouer, ce matin-là, les clients fortunés dans la bijouterie de Neuilly le rajeunissait ; il se sentait beau, mais serait-il séduisant ? Il allait le savoir. Sammy sonna. Il était sûr de la trouver chez elle : il venait d'appeler et de raccrocher.

— Qui est-ce ? demanda-t-elle à travers la porte.

C'était joli ce *Qui est-ce ?* Il y avait longtemps qu'il ne l'avait plus entendu, depuis qu'il avait quitté la Tunisie. Sa mère aussi disait *Qui est-ce ?* En France, tout le monde disait *Qui c'est ?*

— Je suis Sammy, l'ami d'Alexis. Vous vous souvenez ? Je viens vous demander un service très urgent.

Tout allait basculer. La séquence clé. Sammy espérait qu'elle fût jouable.

— Quel service ?

— Celui de m'ouvrir la porte, c'est très urgent.

Du pur Sammy. Jamais Momo n'aurait pu sortir ça. Ou ça n'aurait pas marché. Là, ça marchait : Clara ouvrit la porte.

— Le quartier est bouclé, je suis poursuivi par la police. Vous pourriez m'abriter une heure ou deux ?

Ne pas prendre l'air traqué, encore moins conquérant. Juste ennuyé, demander ça comme un service, désolé, merci.

La petite Estelle sortit de la salle de bains et passa dans l'entrée pour gagner le séjour. Ce serait un peu plus difficile, la tigresse allait vouloir protéger son petit. Que fallait-il ajouter ?

— Je ne suis pas un type dangereux. Vous verrez.

Clara hésita, irritée de ne pas savoir pourquoi. Ce type n'avait ni charme ni autorité, mais il semblait habitué à faire plier les êtres et les événements. Alexis avait su résister ; pourquoi se sentait-elle prête à céder ?

— Je ne vous demande qu'une chose, lui dit-elle : quand vous sortirez d'ici, vous m'oublierez. Vous ne m'aurez jamais vue, je ne vous aurai jamais vu. Vous disparaîtrez de ma vie.

Elle faillit ajouter « et de celle d'Alexis », mais se ravisa : elle en avait fait bien assez pour l'abruti, elle n'avait aucune raison de le protéger. Elle ajouta, pour éviter tout remords :

— Avant d'entrer, promettez-moi de ne jamais parler d'Alexis ni de cinéma.

Sammy s'assit sur le canapé blanc qu'elle lui désignait. Bien sagement, juste sur l'arête du coussin, comme pour ne pas le salir. Il avait tout d'un candidat convoqué pour un entretien. Mais elle ne voulait pas l'interviewer. Et pour mieux l'ignorer, elle se mit à passer l'aspirateur.

— Vous êtes un ami de maman ?

Ni Sammy ni Clara n'avaient entendu arriver Estelle. Elle le fixait, sourcilleuse, ce type ne ressemblait pas aux amis de maman.

— Pas exactement, mais on se connaît. Elle est gentille, je lui ai demandé de m'aider.

— Vous aider à quoi ?

— Elle m'aide dans mon métier.

— Et c'est quoi, votre métier ?

L'aspirateur s'était arrêté. Clara écoutait.

— J'aide les commerçants à ranger leurs magasins, je leur enlève ce qui est en trop. C'est un métier qui ne me passionne plus beaucoup, mais je n'en ai pas d'autre.

— C'est pourtant bien comme métier, je ne savais pas que ça existait.

Clara apparut dans l'encadrement de la porte :

— Estelle, tu ennuies monsieur. Et puisqu'on en parle, va ranger ta chambre.

La petite s'exécuta, et Sammy eut un bref sentiment d'admiration : il trouvait bon qu'une mère se fasse obéir de sa fille, il savait que cela devenait rare, même en Corse. Plus tard, il allait se souvenir que son premier sentiment pour Clara avait été l'admiration.

Mais il avait admiré trop vite. Deux minutes plus tard, Estelle était de retour :

— Je n'y arrive pas, il y a trop de désordre. Puisque c'est votre métier, vous ne voulez pas m'aider ?

— J'aimerais bien, mais ta maman m'a dit de rester là, alors je ne bouge pas.

— Comment vous vous appelez ?

— Sammy.

Estelle appela sa mère :

— Maman, il y a Sammy qui aimerait bien m'aider à ranger ma chambre. Tu peux lui donner la permission ?

La petite aussi méritait sa part d'admiration : elle savait présenter les situations.

Clara hocha la tête ; ce type avait menacé Alexis des pires représailles sur elle et sa fille, mais elle n'avait pas peur. Elle le vit s'arrêter devant un portrait à l'huile, dans le coin de l'entrée, et se rappela qu'Alexis lui avait parlé du malfrat comme d'un type cultivé. Elle le rejoignit.

— Ce n'est pas une copie de Miró, lui dit-elle. Ni une litho, ni un faux. C'est un *à la manière de* Miró, un ami des Beaux-Arts l'a peint pour moi.

D'habitude, les visiteurs répondaient : « Ah, bien sûr ! » Mais ce Sammy se contenta de répondre : « Ah ! » en regardant plus attentivement la tête flottant étrangement au-dessus d'un corps écartelé en quelques couleurs.

— C'est comme ça que je vois les hommes, poursuivit-elle.

C'était sa phrase habituelle. Les autres visiteurs se contentaient alors, un peu gênés, de répondre par un petit rire évasif. Mais le truand demanda :

— Comme ça que vous voyez les hommes... vous voulez dire comme vous *voudriez* qu'ils soient, ou comme vous *regrettez* qu'ils soient ?

Ce fut elle, un peu gênée, qui se contenta d'un petit rire évasif.

— Cet homme-là, il me ressemble, conclut Sammy.

Et il partit aider Estelle. Un quart d'heure plus tard, Estelle annonça que la chambre était rangée.

— Je peux faire quelque chose pour vous aider ?

Sammy avait posé la question gentiment. Clara n'était pas habituée à une telle proposition dans la bouche d'un homme. Demander quoi que ce soit à ce type, c'était cautionner son intrusion. Mais puisqu'il voulait aider...

— Quelque chose me dit que vous êtes bon bricoleur, je me trompe ?

— Plus ou moins. C'est surtout pour les motos. Le reste, je me débrouille.

Elle l'entraîna vers un petit débarras attenant à sa chambre. Il était rempli de valises, de petits meubles à réparer, de cadeaux encombrants qu'elle n'osait redonner à personne.

— Ce qui me rendrait vraiment service, ce serait de m'installer cette étagère au-dessus de la porte, je l'ai prise bien large pour pouvoir y ranger les valises. Faut que ce soit solide, parce que j'y poserai aussi les outils.

Elle apporta un escabeau, elle lui montra les crémaillères, les planches en bois latté, elle déballa une collection de boîtes de vis et de chevilles, une perceuse à percussion toute neuve.

Chaque fois que Clara demandait un travail de bricolage à Alexis, il commençait par une course à l'équipement : il partait acheter de l'outillage, toujours le haut de gamme, traînait un après-midi chez Castorama, en revenait avec une grosse facture qu'il présentait à Clara, puis s'en allait en déclarant qu'il avait déjà passé beaucoup trop de temps, il terminerait ça une autre fois. Il n'y avait jamais d'autre fois.

Sammy, lui, inspecta le matériel, déclara que ça devrait aller, fit sortir Estelle en lui expliquant pourquoi elle allait le déranger, puis commença le travail. Une demi-heure plus tard, il appela Clara, c'était fini.

— Ce n'est pas parfait, ce n'est pas complètement d'équerre, confessa Sammy.

Elle n'en avait pas l'impression. Mais il lui fit vérifier avec un mètre pliant, il y avait deux millimètres de différence. Elle admira le résultat, il y avait donc des hommes comme ça.

— Et c'est solide ?

— Je peux monter dessus. Vous voulez que je vous fasse la démonstration ?

Elle sourit ; elle était là, soudain toute gauche devant lui. Elle ne savait pas comment le remercier. Midi venait de sonner, Sammy était entré depuis un peu plus d'une heure, il allait bientôt repartir. Elle trouva naturel de lui demander :

— Voulez-vous rester déjeuner ?

Sammy était enchanté, mais un peu inquiet : pour une fille décalée, Clara était trop normale, tout était simple avec elle. Est-ce que ça irait pour le scénario ?

— Qu'est-ce qu'on a ce midi ?

Il avait pensé la question, c'était Estelle qui l'avait posée.

— Des aubergines et des saucisses, répondit sa mère.

— Oh non, je dé-tes-te les aubergines, tu sais bien !

Cela faisait décidément trop cinéma pour un bon scénario, mais il y avait souvent dans les films noirs une ou deux séquences un peu miel, et Sammy n'avait jamais trouvé ça désagréable à regarder, ça permettait de reprendre son souffle. Quand on les vivait, ce devait être pareil. Il y avait là une occasion à saisir, et Sammy la happa.

— J'accepte, mais à condition que je fasse la cuisine. Je vais vous faire une recette corse qu'Estelle va adorer. Sinon, Estelle, je mange ma cravate.

Oui, il l'avait jouée un peu trop Walt Disney, mais ça passait bien. Et Sammy était confiant en ses aubergines à la Sartenaise, une des recettes qu'il maîtrisait le mieux.

Il avait de la chance, Clara était une fille organisée : elle avait presque tout, les feuilles de basilic, le persil, les oignons, les tomates. Le jambon corse, on pouvait à la rigueur le remplacer par un jambon du continent. Le hic, c'était le vieux brocciu râpé.

— On pourrait peut-être râper un emmental ? suggéra Clara.

Elle sentit qu'elle l'avait offensé. Il se frottait doucement le menton, et affichait la mine du type embêté qui ne veut pas embêter.

— Non, du brocciu, c'est du brocciu, je suis désolé. Ou alors, ce ne sera pas à la Sartenaise. C'était une recette de mon père.

Clara repensa au portrait du terrible Sammy que lui avait brossé Alexis. Elle retrouvait certains traits, mais beaucoup d'autres ne collaient pas. Elle préférait celui qu'elle avait devant elle.

— Si vous voulez, dit-elle, je connais une épicerie fine dans le nouveau centre, à côté. Ils doivent avoir ça. Je vous laisse avec Estelle, je fonce avant qu'ils ne ferment.

— Demandez-leur aussi le jambon corse, vous verrez la différence.

Il se mit à blanchir les aubergines, et elle s'en fut, très vite. Clara se demandait qui prenait le plus de risques : elle qui lui confiait sa fille, ou Sammy qui lui laissait la liberté d'alerter les flics ?

Elle n'en croisa aucun, ils devaient être en civil, tous les passants avaient des têtes de commissaires. Ils cherchaient le truand que cachait Clara, et elle se surprit à en éprouver un plaisir intense ; s'il n'y avait pas eu Estelle, elle serait revenue moins vite, avec son petit paquet de brocciu, son autre de jambon, et ses battements de cœur.

Elle le regarda préparer ses aubergines. Sammy n'expliquait pas, ne parlait pas, c'était un type qui se concentrait sur ce qu'il faisait. Mais l'appartement s'emplissait d'odeurs nouvelles qui montaient à la tête.

— Oh, je suis trop distraite, je sais ce que j'ai oublié ! Je suis désolée, je n'ai pas de vin à la maison.

— Pour moi, ça n'a aucune importance, la rassura Sammy, je ne bois ni vin ni alcool. C'est pour vous que ce sera dommage.

— Non, moi non plus, je ne bois jamais.

Elle l'avait dit trop fermement : Sammy en eut la certitude, cette femme gardait quelque chose en travers de la gorge. Il la connaissait à peine, mais il la devinait, elle était transparente. Il fallait l'aider :

— Pourquoi ?

Clara avait attendu un commentaire banal et poli, et ce *pourquoi* de petit garçon déclenchait en elle une trouble envie de raconter – je suis folle, je le connais à peine, il demande, je réponds.

— Vous avez déjà entendu parler, Sammy, des

fêtes dans les grandes écoles ? Elles sont très arrosées, ce sont les grandes marques de whisky, de pastis, qui les sponsorisent. Ces marques ont des liens très forts avec le bureau des élèves, avec l'école, elles ont quasiment leur chaire d'alcoologie. La fin des fêtes, c'est viande saoule et dégueulis.

— Il faut bien que jeunesse se passe.

— Oui, mais moi, elle m'est passée dessus. Un soir, j'ai fini tellement ivre que je me suis réveillée le matin sans me souvenir avec qui j'avais couché. Un seul, j'espère, je n'ai jamais su. Pas de précautions, mais un souvenir : il y a eu Estelle, que j'ai gardée. Estelle née d'HEC inconnu.

Pourquoi lui avait-elle confié ça à lui, alors qu'elle ne l'avait jamais raconté à personne ? Sans doute parce qu'il allait partir dans une heure pour toujours, emportant avec lui ces quelques phrases qui l'avaient libérée. En attendant, tout ce qu'allait dire Sammy serait de trop.

Mais il ne dit rien. Il posa sa main chaude sur celle de Clara. Il passait dans son regard une fureur glacée : il tuait, des années plus tard, celui ou ceux qui avaient fait ça. Un ou des jeunes cons, peut-être aussi saouls qu'elle. Mais il tuait, férocement, comme pour punir même le cadavre.

Alors elle posa sa main sur la sienne. Et peu après, les aubergines furent prêtes.

Le plat fut vidé, Estelle s'était resservie, Clara aussi. Et Sammy avait gardé sa cravate.

— Maintenant, dit-il en regardant distraitement

par la fenêtre, la voie paraît libre, il faut que je m'en aille. Encore merci.

Il attendait une réaction de sa part et ne savait comment la provoquer.

— À un de ces jours, peut-être, lui lança-t-il sur le pas de la porte.

— Oui, peut-être – elle avait un petit air triste.

— Peut-être, mais quand ?

— La prochaine fois que j'achète des aubergines, je vous appelle.

Il hocha la tête, donna son numéro de portable, puis s'en fut. Et Estelle annonça à sa mère qu'elle était d'accord pour manger plus souvent des aubergines.

Dans l'ascenseur, Sammy se souvint que Clara était aussi un très bon coup. Et pour la première fois, Sammy pensa qu'Alexis était un con. Un génie, mais un con.

Alexis, lui, n'eut pas droit aux aubergines à la Sartenaise : il entama la traversée d'une période aux saveurs infâmes. Il fit trois voyages en Slovénie, la sillonna, interviewant les directeurs d'hôtel Noctissimo qui lui présentaient avec enthousiasme les perspectives offertes par le développement de la clientèle business.

Chaque fois qu'il débarquait dans un hôtel, on le regardait avec suspicion : « C'est vous le réalisateur français qui allez nous filmer ? On a chez nous des gars qui auraient pu faire ça. » Pour sauver la face, Alexis tentait de placer dans les conversations les pages les plus glorieuses de son passé d'assistant-réalisateur, il glissait Klapisch, Besson, Chabrol, mêlant le vrai et le faux, mais il voyait bien qu'ils n'étaient pas dupes : on ne pouvait pas être tombé si bas quand on avait travaillé avec ces grands noms-là. Et on lui présentait les techniciens locaux avec des sourires bonnards, comme s'ils étaient du même monde.

Alexis filmait alors ses plans américains bien propres sur le directeur. Il aurait aimé s'offrir quelques mouvements de caméra originaux, quelques effets spéciaux, mais l'agence avait été formelle :

— Les directeurs d'hôtel, tu les filmeras tous pareils, à plat, plein pot. Quelques regards cadrés serrés pour les plans de coupe. Une heure d'interview, tiens, voilà le guide d'entretien, on choisira dedans trois ou quatre minutes pour chacun, pas plus, pour qu'il n'y ait pas de jaloux. Et deux minutes de plans sur la salle à manger, les chambres, les salles de réunion, là tu t'éclates, tu fais comme tu veux. Ah, filme le parking, aussi.

Il avait donc traîné sa honte de Ljubljana à Maribor, de Kranj à Postojna. Et pour mieux l'humilier, on lui faisait découvrir la gastronomie locale, le goulash aux pleurotes, les struklji : « Ah, vous les avez essayées farcies aux noisettes, mais c'est bien meilleur aux épinards. Pour faire descendre tout ça, je vous conseille comme dessert notre galabica, c'est un peu lourd, mais ce ne sont pas les ingrédients qui font ça, ce ne sont que des pommes, des graines de pavot, des raisins, du lait caillé : c'est la pâte feuilletée fourrée de noix et nappée de crème. Vous reprendrez bien un verre de champagne de sureau ? »

Avant de se coucher, il allait vomir le zavitek fourré de pommes et de fromage. Mais restait sa vie qui lui pesait sur l'estomac, sa vie qui lui donnait la nausée.

Quand il rentrait à Levallois, il montrait ses rushes à l'agence, comme un élève puni. On les visionnait sans émotion, oui, ça va, c'est conforme au cahier des charges, belle idée cette courbe de croissance plein cadre derrière le bureau du patron de l'hôtel de Koper, très créatif.

Clara passait pendant la projection, restait quelques minutes, lâchait un « Ça fonctionne. Ce qui est bien, c'est qu'il n'y a pas de génie », puis s'en allait en lui lançant un regard vachard.

Il rentrait alors chez lui, se saoulait légèrement, et écrivait à Clara de nouvelles lettres pathétiques. Avant de les consigner dans le classeur gris, il les relisait en pleurant. Maintenant qu'il était privé de prises de bec, veuf de la perspective de rompre avec elle, sa vie lui paraissait affreusement vide.

Un soir, il avait tenté un premier pas : il avait choisi dans le classeur sa meilleure lettre, la plus poignante. Il avait appelé Clara et, d'une voix de velours, lui en avait susurré les premières lignes : « Clara, ma chérie, quand je pense à toi, il m'arrive de me demander si, au même moment, de ton côté… »

Elle l'avait interrompu : « Stop. C'est déjà bien que je te garde comme fournisseur, restons-en là, veux-tu ! » Non, il ne voulait pas, mais elle avait déjà raccroché.

Avec Beverley, tout était tellement plus facile.

15. Fille facile, homme aussi

Alexis avait toujours eu de la tendresse pour les filles faciles. Mais avec Beverley, il se demandait parfois si ce n'était pas lui qui était le mâle facile. Il n'avait pas à l'appeler, elle s'en chargeait, elle le harcelait : « J'ai besoin de toi, *physiquement besoin*, tu comprends ? Je suis folle, la nuit sans toi, je t'ai dans la peau. » Il se doutait qu'il y avait quelque excès dans cette hyperthermie, mais il ne savait en faire la part, alors il répondait : « Oui, moi aussi, viens vite, je suis dans un état pas racontable. » Elle arrivait toute parfumée, déjà moite, et leur nuit n'était que chairs pantelantes.

Elle gémissait, se débattait en longs spasmes que rythmaient les coups de balai de mademoiselle Boudard, la voisine du dessous. Elle hurlait : « Je jouis, je jouiiiiiis », et s'affalait enfin sur sa proie soumise.

Alors, en lui caressant doucement le torse, elle lui demandait pourquoi il ne lui donnait pas un petit rôle dans ses films. Alexis tentait d'esquiver, mais s'empêtrait dans ses mensonges fiérots : il avait assuré qu'il réalisait une série européenne, un feuilleton sur la vie des palaces, chaque épisode dans un hôtel différent, oh, une petite série vite tournée, mais au concept assez ingénieux.

— Donne-moi un rôle de cliente fortunée qui voyage d'hôtel en hôtel, on me retrouverait à chaque épisode, ce serait le gag récurrent.

— Non, le casting est géré par les pays participants, c'est prévu par les accords. Moi, je dirige, je réalise, c'est déjà une énorme responsabilité.

— Et comme simple figurante ? Une stagiaire d'école hôtelière qu'on verrait passer en femme de service, dans chaque épisode, ce serait amusant. Je ferais ça gratuitement, je ne coûterais rien, on aurait la même chambre, je voyagerais sur tes miles-bonus.

— Bon, je vais réfléchir. Pourquoi pas ?

Et les nuits où ça ne suffisait pas, il lui promettait de parler d'elle à un ami producteur, un certain Sammy. Il imaginait même la jeter dans ses bras ; mais chassait vite cette mauvaise pensée.

— Et tu le vois quand, ce Sammy ?

— J'espère le voir bientôt.

C'était vrai, il en était là ; il aspirait à voir Sammy. Il espérait trouver auprès de lui un peu de réconfort, simplement papoter, s'amuser du personnage, et repartir en emportant un peu de ses certitudes, de sa façon de vouloir. Mais ils avaient du mal à trouver un créneau, Alexis attaquait maintenant la Pologne, et les dates de tournage étaient sans cesse modifiées par les directeurs d'hôtel de Poznan ou de Lodz, on ne lui demandait même pas si cela lui convenait. Quand il se trouvait libre, c'était Sammy qui partait au boulot, en province, ou à Amsterdam. Alexis passait alors ses nuits seul à se saouler en visionnant inlassablement le DVD de *Zoubeida l'Africaine*.

Enfin, peu avant Noël, Sammy l'invita à un déjeuner en tête-à-tête, dans un restaurant juif du Marais. Alexis rentrait d'un voyage à Varsovie, il n'avait pas encore digéré sa *botwinka z koperkiem*, et les plans de rénovation des chambres de Katowice n'avaient plus de secrets pour lui.

Sammy l'attendait, installé dans un recoin, caché derrière de grosses lunettes noires ; il téléphonait, ses mots étaient secs, autoritaires. Et Alexis se souvint qu'il avait en face de lui un dur de dur.

— Des ennuis ? demanda Alexis en s'asseyant.

— Dans mon métier, il y en a toujours, tu n'en vois qu'une infime partie.

Un jeune Noir élégant qui quittait le restaurant avec une amie s'approcha de leur table et dévisagea Alexis :

— Vous êtes bien Alexis Pirief, le réalisateur ?

Alexis hocha la tête.

— Je m'appelle Babacar Diop, je suis étudiant à la Femis.

Alexis hocha une tête plus amène.

— J'ai beaucoup aimé votre film *Zoubeida l'Africaine*, c'est une honte qu'il ait été retiré de la distribution.

Alexis accusa le coup. Adam Roumana, son producteur, ne l'avait même pas prévenu. Zoubeida n'avait donc vécu que si brièvement, elle était enterrée. Mais Babacar Diop l'avait vue, l'avait aimée.

Elle avait sa part d'éternité.

— Je viens de terminer un mémoire sur « Les regards dans *Zoubeida l'Africaine* ». Je le présente à mes professeurs après la rentrée, et ce serait un grand honneur d'avoir votre avis, votre regard sur ces regards, voulez-vous que je vous l'envoie ?

— Si vous voulez, mon adresse à Paris est dans l'annuaire.

Sammy attendait avec ennui. Il avait des discussions plus intéressantes à mener avec Alexis. Il ôta ses lunettes noires et entreprit de les nettoyer.

Babacar Diop se retira discrètement. Avant de sortir, il pensa qu'un portrait serait bienvenu en tête de son mémoire ; il sortit son téléphone, appuya sur la touche photo et gagna la sortie.

— Excuse-moi, dit Alexis à Sammy. Ça fait partie du boulot.

— Moi, aucun étudiant en cinéma n'écrit encore sur moi, ça viendra. En attendant, je ne te parle pas de boulot : c'est la règle du jeu, je la respecte.

— Oui, bien sûr, mais, juste dans les grandes lignes, ça se passe bien, avec Philippe ?

— Très bien, il est formidable ton copain : il chamboule toute ma vie, il change ma façon de faire des casses, il se mêle de mes histoires de femmes. Enfin, ce sont nos affaires, je ne vais pas t'embêter avec ça. Pour toi, j'ai un sujet plus intéressant.

En buvant son jus de tomate, Sammy parcourut la carte et appela le serveur :

— Je passe ta commande, ce sera plus simple. Tu

aimes la soupe ? Bon, lablabi pour monsieur, mar'ouma pour moi. Puis manicotti et pkaila. Si tu n'aimes pas, on échangera. Moi, ce sera de la San Pellegrino, et pour monsieur un rouge, un Golan Heights.

Ce repas commençait mal. Alexis y était venu en voyeur tranquille, il voulait, comme un père divorcé, délicieusement irresponsable, entendre parler de la nouvelle vie de Sammy, badiner à son sujet, s'émerveiller des progrès de sa créature. Et Sammy en faisait une affaire réglée, aussi simplement qu'une commande de repas exotique, il allait même lui imposer un sujet de conversation plus intéressant.

Le malfrat vida son verre de jus de tomate et le regarda durement :

— Ton bouquin sur la littérature française, je l'ai commencé. C'est un sacré pavé. Tu les as vraiment lus, tous ces auteurs dont il parle ?

— Pas *tous* les bouquins de *tous* ces auteurs, mais la plupart.

Il s'efforça de graver la réplique dans un coin de sa mémoire, elle pourrait encore servir.

— Mais il y en a quand même certains plus intéressants que d'autres, non ? *Si tu étais moi*, par où tu commencerais ?

Alexis n'avait jamais supporté cette question, il ne voulait être personne d'autre que lui-même, c'était déjà une assez lourde charge. Il était irrité, rien ne se passait comme prévu. Il se sentait capable de parler de culture, de littérature, mais de façon peu compromettante : la façon de parcourir un livre, de prendre des notes, de le refermer quand il ennuyait. Il pouvait mentionner quelques auteurs à ce propos, inventer quelques références, comme de simples évidences qu'il était bon de rappeler : Borges, Valéry… Et voilà que Sammy posait des questions précises, attendant des réponses avec la mine contrariée d'un professeur de corvée pour l'oral du bac.

— *Si j'étais toi,* je commencerais par La Fontaine.

— La Fontaine ! Si t'étais moi, tu me prendrais pour un con, c'est ça ? Je déteste qu'on se foute de ma gueule, et tu recommences.

— Non, non, pas du tout, c'est intéressant, La Fontaine.

— Arrête, moi aussi je me suis tapé ses fables à l'école. Qu'est-ce que tu veux que deux adultes se disent sur La Fontaine ? Tu le lis encore, toi ?

Il fallait calmer Sammy, Alexis voulait éviter de rejouer la séquence de la Goutte d'or. Il voulait surtout s'en tenir à La Fontaine pour le reste du repas, là au moins, il se sentait en terrain sûr.

— Oui, bien sûr, régulièrement, une fable ou deux avant de dormir.

Et Alexis passa le reste du dîner à improviser une conception de l'homme, une vision du monde, selon La Fontaine. Le fabuliste avait un regard politique d'une incroyable modernité, une philosophie tellement humaniste, Alexis trouvait toujours une fable pour étayer son propos, et quand il n'en trouvait pas, il en bricolait une.

Le vin aidant, La Fontaine devenait le plus grand auteur de son siècle, un personnage fabuleux, une sorte de Nostradamus, mon vieux, car les fables de La Fontaine ont un double sens qu'on n'a pas encore fini de décoder. Alexis donnait des exemples, analysait les vers mystérieux du « Corbeau et du Renard » en les écorchant, il était ivre. Sammy le regardait, soupçonneux, comme si on eût tenté de lui fourguer de faux diams.

Et Alexis eut honte quand Sammy annula les desserts pour le raccompagner un peu plus tôt.

Alexis passa Noël à Salzbourg avec Beverley : elle avait insisté, son horoscope prédisait une parenthèse follement romantique dans une ville dont le total numérologique serait 5. Elle avait tout essayé, c'était Salzburg.

Alexis avait loué une chambre lambrissée chez l'habitant. Ils en furent expulsés dès le second jour, Beverley faisait trop de bruit la nuit.

Tout était complet ou trop cher : ils passèrent les fêtes dans une auberge de jeunesse envahie de jeunes Marseillais tapageurs *allez lohème*. Il n'y avait pas de neige, mais beaucoup de pluie, les instrumentistes étaient en grève, la cuisine salzbourgeoise lui rappelait les gastronomies slovène et polonaise, en plus indigeste, il attrapa une angine et Beverley eut ses règles. Ils s'ennuyaient, ils ne savaient où aller. Lui voulait simplement s'enfuir.

Comment avait-il pu tomber si bas, traînant avec une créature qui ne vivait que pour sa carrière et ses orgasmes, attendant de reprendre un lamentable job et espérant un dîner avec un ami inculte qui lui parlerait littérature ?

Au retour dans l'avion, Beverley remarqua qu'elle avait fait une erreur de calcul : le chiffre numérologique de Salzbourg, c'était 7, pas 5. Ils cherchèrent une ville dont le total faisait 5, ils trouvèrent Tourcoing.

16. Introduction à la littérature

C'était impératif, janvier devait marquer un nouveau départ, il fallait rompre avec cette vie. Mais Alexis ne parvenait à rompre avec rien. Pas même avec son passé : il venait de recevoir l'étude de Babacar Diop, elle était remarquable. Ce type avait vu dans le film tout ce qu'Alexis y avait mis, et beaucoup plus : il avait analysé les regards des acteurs, même ceux des seconds rôles et des figurants, lourds de signification qui avaient échappé à Alexis. Comment avait-on pu retirer de la distribution un film qui rendait la jeunesse aussi intelligente !

Alexis s'en était plaint à son producteur, mais Adam Roumana l'avait rassuré : mais non, son film n'était pas enterré, il allait poursuivre sa carrière dans le circuit parallèle : c'était l'avenir, ce circuit parallèle. Pas plus tard que la semaine suivante, il serait diffusé pendant le week-end « Horizons du monde », au Foyer culturel de Milly-la-Forêt, ah, vous voyez que je ne laisse pas tomber mes réalisateurs.

Alexis aurait voulu une période de silence, de repos, pour faire son deuil de *Zoubeida*, mais il ne pouvait se dépêtrer de ses engagements avec Thierry Sénéchaud : la Pologne attendait Alexis, il devait aller y filmer ses cuisines d'hôtels, en y apportant tout son talent, mais si, mais si, mon vieux. Dans le cas contraire, il pouvait dire adieu à Taoaya et au solde de ses honoraires.

Alexis repartit donc pour Gdansk, Wroclaw et Szczecin qu'il commençait à savoir prononcer. Il reprit du bortsch au chou blanc et de la roulade silésienne – quand il rentrait en France, il préférait parler de *rolady i kluski*, qui sonnait autrement mieux.

Puis il découvrit la Turquie.

Il finit par prendre goût à la glauque ambiance des souks stamboulis. Il y acheta un string rouge en dentelle et un soutien-gorge pigeonnant, tous deux aux couleurs du drapeau turc, et les fit broder au nom de Clara. Ce serait, un jour, un très amusant cadeau de réconciliation. Même les hôtels glacés et leur éclairage au néon le charmaient. Tout ce qui était loin lui paraissait exquis, tant il craignait de retrouver Beverley.

La nuit, après avoir joui, elle débordait d'idées pour sa jeune carrière :

— Et dans tes films en régions, tu ne pourrais pas me trouver un rôle ?

— Non, c'est impossible, le film est une comédie musicale complètement nulle, sans moyens. Il y a un tournage par hôtel, avec le personnel qui danse et chante en play-back. Ce sera juste pour la publicité locale, dans les cinémas du coin.

— Je pourrais jouer le rôle d'une cliente qui chante avec eux, je pourrais faire ça avec différents accents *régionals*, je fais très bien les accents *régionals.*

— Après-demain, je pars faire le premier tournage à Dax. Tu sais prendre l'accent de Dax ?

— Je pourrais le faire avec l'accent espagnol, il y a plein d'Espagnols, à Dax, c'est près de la frontière.

Elle s'entraînait à parler comme le sergent Garcia, il faisait semblant de s'endormir, pour ne plus l'entendre, pour ne plus devoir la faire jouir. Il devenait urgent de casser cette liaison, mais il n'en avait pas l'énergie. Il ne savait se déprendre de personne.

Avec Sammy, c'était pareil. Le soir où le malfrat l'avait appelé, Alexis était arrivé de bonne humeur, il venait d'apprendre que le travail de Babacar Diop avait été envoyé aux *Cahiers du Cinéma* par son professeur qui y comptait quelques amis : le papier avait plu, des extraits en seraient publiés. Alexis espérait partager ce petit fragment de bonheur avec Sammy, mais celui-ci avait la tête ailleurs : dans le restaurant corse de la rue de Lappe où Noureddine le déposa, il trouva Sammy tendu, directif, bien trop désagréable pour qu'on lui parle de *Zoubeida.*

— J'espère que ça se passera mieux que la dernière fois ; tu m'as raconté n'importe quoi. Dans le bouquin jaune – il ne disait plus *La littérature française pour les Nuls*, il l'appelait son bouquin jaune –, je n'ai rien retrouvé de tes histoires sur La Fontaine. Tu étais bourré, tu picoles trop, Alexis.

— C'est mon affaire.

Alexis appela le garçon et demanda un Casanis, un double, histoire d'affirmer son indépendance.

Sammy secoua la tête, avec un fraternel agacement. Il paraissait bizarre, exalté, heureux, comme s'il cachait quelque chose. Et pourtant non, il ne cachait malheureusement rien de ses projets.

— Ton idée de volonté de culture, pour créer le conflit interne, c'est vraiment bien. Je m'y suis mis. Mais dans le bouquin jaune, il y en a trop, je ne vais pas choisir un auteur à cause de son nom qui paraît chic, ou en lisant un résumé de quelques lignes. Il faut que tu m'aides.

Alexis fut tenté de lui avouer qu'il n'avait jamais procédé autrement pour butiner dans la littérature. Mais lui le faisait avec quelque éducation, c'était délicat à expliquer. Il fallait donner à Sammy des balises plus rassurantes, il ne voyait pas lesquelles.

Alexis glissa un doigt dans ses cheveux pour en tortiller une boucle ; c'était chez lui signe de vraie réflexion. Il se disait qu'il était peut-être en train de rater un moment essentiel de sa vie. Avec un peu d'effort, il pouvait devenir le mentor culturel de Sammy, le guider vers la connaissance, être le maître de ce disciple au cœur simple. Bien sûr, l'échange serait inégal, et alors ? De toute façon, il n'échangeait rien avec personne, sinon quelques paradoxes usés jusqu'à la banalité, de jolies phrases happées en fin de dîner en ville et replacées au milieu du déjeuner suivant, des petits repères culturels, de vagues signes de classe.

Il se disait aussi que l'échange était impossible. En matière de culture, le seul échange durable était un refus d'échanger. La culture, c'était un coffre-fort qu'on devinait chez l'autre. Un coffre-fort que chacun devait garder fermé pour être considéré comme à l'aise. On pouvait tout au plus en sortir de temps à autre une petite coupure, presque un échantillon, qu'on laissait sur la table pour que chacun pût se faire une idée du trésor caché. Certains coffres-forts, la plupart sans doute, étaient vides, ou emplis de fausse monnaie. Tant qu'on ne les ouvrait pas, personne ne pouvait le deviner.

Le maître d'hôtel s'impatientait. Sammy avait déjà choisi, et son invité restait plongé dans ses réflexions. Le truand commanda à sa place et sortit quelques pages pleines de notes.

— Mon idée, Alexis, c'est de commencer par les auteurs importants de chaque siècle – tu me donnes ton point de vue sur eux, je commence à les lire, disons un livre de chacun, puis j'en discute avec toi avant d'aller plus loin.

Alexis se rembrunit : il y avait dans tous ces siècles trop de discussions à venir. Et, pour ce soir-là, trop d'écrivains, dont certains pas nets, qui s'étaient implantés dans sa mémoire avec des actes de naissance et des certificats de décès douteux, ça ne le dérangeait pas, il n'était pas à un siècle près, mais Sammy avait ses notes, sa manie de l'exactitude, il risquait de le corriger. Il fallait prendre l'initiative, faire le tri dans tous ces encombrants.

— Tu vas perdre trop de temps : il y a des siècles plus importants que d'autres : on ne le dit jamais à l'école, ce serait un truc à flinguer plusieurs années de cours de français, celles qui tombent sur les mauvais siècles.

Sammy le fixait avec une attention extrême. Alexis avait déjà vu ce regard, mais quand ? Ah oui, c'était le soir de la projection au ciné-club, quand il avait expliqué comment il choisissait un sujet de film.

— Oui, et alors ?

— Pour commencer, tout le Moyen Âge, tu vires, c'est une période pour experts. Il y a bien Villon. Tout le monde va te dire en s'extasiant que Villon a fait de la prison, mais presque personne ne peut citer un poème de Villon. Comme si l'important, c'était qu'il ait fait de la taule. Est-ce que ça suffit pour devenir poète ? Tu en as connu beaucoup, toi, des poètes en prison ?

Sammy s'empara du bloc, du stylo, commença à noter et sourit. Alexis encore plus. Il venait de déposer six siècles aux encombrants.

— Le XVIe siècle, il n'y a rien à lire, rien du tout, poursuivit Alexis.

Sammy parcourut brièvement ses notes :

— J'avais noté Rabelais, Ronsard et Montaigne.

Alexis tiqua, il les avait oubliés, ceux-là.

— Oui, c'est bien ce que je te disais, ces auteurs, on les cite, mais on ne les lit pas. Tu peux raconter que Rabelais était très grossier, il décrit pendant des pages les mille façons de se torcher, tu ajoutes que tout ça devait avoir un sens caché, ça suffit. Ronsard, tu lâches en rigolant « Ah, heureusement qu'il avait des roses dans son jardin et pas des forsythias », et tu cites avec un clin d'œil « Mignonne allons voir si le forsythia qui ce matin avait éclos », puis « Et forsythia elle a vécu ce que vivent les forsythias ». Ça marche à chaque fois, ça fait le type cultivé qui ne se prend pas au sérieux. Et Montaigne, tu dis que tu n'as jamais pu ouvrir les *Essais* tellement ça pue le renfermé. Tu ajoutes : « Essais pas transformés, bottés en touche. »

Sammy notait avec fièvre. Alexis cherchait ce qu'il aurait pu ajouter, non, c'était un bon résumé. Ce n'était d'ailleurs pas un résumé, c'était son vademecum culturel.

— Ensuite, le XVIIe, je t'ai déjà expliqué : au-dessus de tout, il y a La Fontaine…

Sammy se crispa, et brisa nerveusement un morceau de pain azyme.

— Mais on ne va pas en reparler, concéda Alexis. Il y a aussi Corneille, Molière, Racine : ce n'est pas la peine de les lire. Tu vas voir une pièce de chacun au théâtre, et tu dis ensuite que tu la mets très au-dessus de toutes les autres. Si on te parle d'une autre, tu réponds : « C'est bien, mais ce n'est pas ce que je préfère. » Si tu t'endors à Racine, tu le racontes en rigolant, tu prends un air coupable. Succès garanti.

Sammy continuait de noter, mais un froncement de sourcils couvrait parfois son regard.

— Le XVIIIe, c'est typiquement le siècle pour profs de français. Tu prends l'air sceptique, tu dis que ça a eu un sens *avant* la révolution, mais qu'après, c'est dépassé, tous ces trucs. Tu ajoutes : « Voltaire à la rigueur, mais est-ce vraiment un auteur français ? Il a plus vécu en Europe qu'en France… » Là, le débat démarre tout seul, tu laisses filer.

Sammy avait cessé d'écrire et fixait Alexis avec inquiétude. Celui-ci en ressentit un certain malaise. Il fallait vite terminer.

— Le XIXe, je t'en parle après. Et le XXe, tu l'oublies. Tu dis que tu ne lis que la littérature vraiment classique : ceux du XXe, on ne peut pas les juger, c'est trop frais, il faut scorer, laissons le temps faire son œuvre.

Sammy secoua la tête ; son visage en parut encore plus contrarié :

— Je ne comprends pas, tu me parles toujours de ce qu'il faut *dire* sur les auteurs. Ce n'est que ça, la culture ? Je voudrais aussi des auteurs à lire. C'est seulement au XIXe, pour toi, les auteurs à lire ?

Alexis grimaça ; la promenade culturelle devenait périlleuse.

— Pour les universitaires, je ne dis pas. Mais pour les gens normalement cultivés, oui. On ne le crie pas sur tous les toits, mais en fait c'est comme ça.

— Et dans ce XIXe, qu'est-ce qu'on pioche ?

Alexis hésitait à répondre. Le XIXe était pour lui un siècle aux frontières élastiques. Il y rangeait tous les auteurs entourés d'un halo d'incertitude, Marivaux, Beaumarchais, Apollinaire et tous ceux-là. Les rares fois où on le reprenait, il parlait d'influence, oui, je sais, je veux dire qu'il est *précurseur* du XIXe, ou *post-*

XIXe, et tout le monde s'en fichait. Mais là, il avait en face de lui Sammy et sa feuille pleine de noms, de dates, Sammy qui voulait des petites cases bien propres, avec chaque auteur empaqueté dedans.

— Alors, ce XIXe ? finit par demander Sammy en jetant un bref coup d'œil sur sa liste. Qu'est-ce que tu penses de Laforgue ? Et de Huysmans ?

Si Alexis se laissait faire, on allait tout droit vers Mallarmé. Il devait se montrer plus directif :

— Très bien, ceux-là, excellents auteurs. Chic mais un peu atypiques, c'est leur gros défaut. Si j'étais toi, je commencerais plutôt par Maupassant, en hors-d'œuvre, ça se lit sans réfléchir. Ensuite, tu passes à Victor Hugo. Il y a un gros potentiel chez Victor Hugo, à lui tout seul, il fera plat principal, fromage et dessert.

Et Alexis respira, soulagé. Il avait fallu le regard innocent du truand pour lui permettre de faire le ménage dans sa propre culture, d'en repérer les parasites. Il serait désormais spécialiste du XIXe, il lirait peut-être même Laforgue et Huysmans.

— Je dois être honnête avec toi, Sammy, la littérature française, je la connais bien ; mais ma spécialité à moi, c'est la littérature russe. L'ennui, c'est que c'est trop russe, on ne peut en parler qu'avec des Russes. Toi, ça ne te servirait à rien.

Alexis ne mentait pas vraiment : il connaissait plusieurs œuvres russes, celles qui avaient été adaptées au cinéma. Et il n'en parlait jamais à personne, il ne connaissait pas de Russes.

C'était fini. Alexis venait de vider le coffre-fort. Il n'y restait que quelques noms, quelques œuvres, des petites coupures, des ô rage ô désespoir qu'allait-il faire dans cette galère le jour n'est pas plus pur que le fond de mon cœur, ô temps suspends ton vol, de la menue monnaie qu'on faisait tinter avec un sourire entendu.

Sammy réclama l'addition, Alexis demanda une coupe de champagne, puis un café. C'était un grand jour pour lui, il en avait fini avec la littérature française. Sammy semblait aussi joyeux que lui, il allait commencer avec la littérature française.

Clara s'était demandé au bout de combien de temps il était raisonnable d'acheter à nouveau des aubergines. Elle s'était aussi demandé s'il était raisonnable de les acheter.

Toute sa raison lui disait de s'en abstenir. *Ne mets pas le doigt dans l'engrenage. Tu ne feras pas le poids, tu le sais bien. Avec un type comme ça, il n'y a pas de marche arrière.* Alexis, lui, cet imbécile d'Alexis, avait tenté de suivre les conseils de Clara, de résister. Et elle, en toute intelligence, en toute liberté, en toute folie, se sentait prête à se jeter dans les bras de Sammy. Elle savait ce type dangereux, mais il la rassurait.

Lui, le truand, et elle, la publicitaire : ils n'avaient rien en commun, mais, elle le sentait bien, ils étaient du même bois, taillés dans la même souche. La grande différence, c'était simplement qu'elle avait eu une mère, tandis que Sammy avait perdu la sienne très jeune, Alexis le lui avait dit. Peut-on exclure un homme parce qu'il a été orphelin ?

Elle avait donc appelé :

— Sammy, j'ai acheté de très belles aubergines pour samedi, je me demande comment les préparer.

Elle n'avait pas pu caser Estelle chez sa mère, mais Sammy n'avait pas fait la gueule. Il semblait vraiment s'amuser avec la petite. Estelle lui réclamait des histoires drôles ; il n'en connaissait pas, non, Estelle, ce ne sont pas des histoires pour petites filles. Alors elle lui racontait les siennes, il en riait à contretemps, il ne savait pas jouer les pères copains, il n'avait pas appris. Mais il se débrouillait.

Durant le repas, Clara lui demanda soudain :

— Et vous, Sammy, vous lisez beaucoup ? Qu'est-ce que vous lisez en ce moment ?

— Je lis *La littérature française pour les Nuls.*

Ce type avait un humour comme elle l'aimait, froid, provocant.

— Et c'est bien ?

— Ça permet d'avoir une vue d'ensemble sans devoir lire les bouquins de chaque auteur. Sinon, on n'en finit plus.

Ce Sammy était d'une incroyable drôlerie, il avait dit ça sans un sourire, avec un petit regard innocent. Et pendant le repas, il avait multiplié les anecdotes. Vous saviez que le frère de Corneille, Thomas, était meilleur versificateur que Pierre ? Ils vivaient dans la même maison, à deux étages séparés. Il y avait une trappe entre leurs deux bureaux, et quand Pierre séchait sur une rime, il ouvrait la trappe et appelait Thomas qui était toujours prêt à le dépanner. Non, elle ne savait pas, aucun copain de la pub ou d'HEC n'aurait été capable de lui raconter ça. Il avait raison, Alexis, ce type était d'une étonnante culture, il parlait de la vie de Rabelais, des dates incertaines de sa naissance et de sa mort, en riant, désinvolte comme s'il avait lu ça la veille.

Au dessert, Sammy lui demanda si elle avait un écrivain préféré. Elle confessa que c'était Victor Hugo. Elle expliqua pourquoi, avec ses idées brouillonnes, ses bons sentiments, ses admirations de vieille gamine, et Sammy l'écouta avec beaucoup d'attention.

Au café, Clara sut qu'elle l'aimait. C'était un amour absurde, interdit, sans avenir, un amour éphémère, elle le savait bien, il fallait se dépêcher, encore quelques jours monsieur le bourreau. Elle l'aimait. Un amour sans toujours, sans demains, elle l'aimait vraiment, là, tout de suite.

Il la quitta en lui disant que la petite était adorable. Elle le prévint qu'Estelle ne pourrait être là chaque fois qu'il viendrait, il fallait qu'elle voie de temps en temps sa grand-mère. Sammy lui répondit qu'il en était désolé mais qu'il viendrait quand même. Et ça sonnait vrai. Tout ce que disait ce type sonnait vrai.

Et tandis qu'il rentrait chez lui à moto, Sammy se demandait s'il n'était pas possible d'accélérer le cours des choses. Mais Philippe avait une conviction très ferme : ce n'était pas à Momo de séduire la fille décalée, il pouvait tout au plus baliser le terrain, se rendre désirable, c'était elle qui devait le conquérir. Ça prendrait le temps que ça prendrait, ça créerait une superbe tension dans le film. Il avait raison, le salaud.

17. Trois conseils

L'horoscope d'Alexis pour le mois de février était encourageant. Il avait jusqu'alors vécu sans les astres, mais Beverley venait d'acheter *l'Almanach zodiacal* de l'année. Elle lui demanda le lieu et l'heure de sa naissance, et lui ouvrit de nouveaux horizons brumeux :

— Tu es Balance ascendant Poissons, j'en étais sûre. Écoute, c'est tout toi : *forte emprise de l'art et du plaisir charnel, car Vénus règne à la fois sur votre signe solaire et votre signe ascendant. Sans partenaire fixe, sans projet professionnel clair, vous n'êtes que l'ombre de vous-même. Pour satisfaire votre signe solaire, vous devrez faire des choix et vous y tenir.*

Il se pencha sur son épaule aux senteurs liliacées et lut le paragraphe suivant : *Vous vous réfugiez dans une recherche d'infini, tâtonnante voire aveugle. Fuite devant tout ce qui délimite ou précise, difficulté à affronter la vérité, incapacité à dire non : vous êtes souvent dérouté par l'irrationalité de votre propre comportement.*

Ça, c'était encore plus lui : Alexis s'en était souvent senti coupable, et il découvrait, soulagé, que c'était inscrit dans les astres, il n'y pouvait rien.

Il n'avait jamais cru à ces trucs-là, mais, il devait le reconnaître, le portrait était saisissant. Peut-être les astres avaient-ils vraiment de l'influence, mais uniquement sur quelques personnalités d'exception comme la sienne.

Peu importait, ce mois de février était excellent, tout devait lui réussir : vie professionnelle *(rebondissements)*, relations amoureuses *(avec un pic à la mi-février)*, amicales *(rencontre décisive)*, santé *(florissante malgré quelques excès de table)*.

Il repartit donc un peu plus optimiste vers la Finlande, ses gratins de rutabaga relevés d'oignons frits et ses petits pâtés de seigle caréliens au porridge de riz.

Il en revint, vaillant, pour aller filmer des comédies musicales foireuses à Mézières, à Douarnenez et à Uzès. C'étaient des petits films, sans génie ni moyens. L'idée avait été mise bas par un créatif fatigué en préavis de licenciement, et le jingle avait été créé à l'ordinateur par la nièce du président de Noctissimo. Alexis pressentait qu'avec un story-board aussi consternant et des budgets aussi maigrelets, il ne pouvait espérer qu'un film médiocre. Il comprit vite que tout le monde le savait.

Il ne fallait pas déranger la vie de l'hôtel : pour commencer le tournage, Alexis attendait la fin des petits déjeuners et devait tout boucler avant qu'on ne dispose le couvert le soir. Il plantait sa caméra à l'entrée de la salle à manger, on repoussait les tables comme à la fin d'un dîner de mariage, et le personnel en tenue essayait de danser en rythme. La chorégraphie était lamentable, mais peu importait, vu que personne ne la respectait. On était trop occupé à chanter sur le play-back :

« Oh, oh, oh, oh, oh, oh Noctissimo,
Vos séjours sont plus beaux,
Dans chaque hôtel, vos nuits sont plus belles,
Noctissimo, l'hôtel qui fait dire Oh ! »

Et l'on dansait comme on pouvait. Le personnel se donnait des joies affligeantes : les cuisiniers perdaient leurs toques, les serveurs faisaient choir leurs plateaux, les femmes de chambre agitaient leurs plumeaux dans les yeux du voisin. Certains directeurs d'hôtel qui ne savaient pas danser voulaient qu'on les cadre uniquement sur le visage. Il fallait sans cesse refaire les prises. Et tout ça finirait projeté au cinéma du coin, entre deux films pour salons de coiffure. Alexis avait honte.

Parfois, à la fin du tournage, il séduisait une serveuse naïve, l'entraînait dans sa chambre : « Ah, vous, les gars du cinéma... » À l'aurore, quand il se réveillait, il avait encore plus honte.

C'était donc ce que le zodiaque appelait réussir sa vie professionnelle.

Il revint fêter la Saint-Valentin à Paris. *Vénus, votre puissance tutélaire sera avec vous ce jour-là.* Peut-être la déesse lui enverrait-elle Clara. Mais Vénus avait opté pour la facilité, elle avait désigné Beverley qui lui avait apporté un cadeau, un petit médaillon argenté en forme de cœur. Le cœur s'ouvrait, et elle avait déposé à l'intérieur quelques poils pubiens. « Comme ça, c'est moi, *le moi de moi*, que tu porteras toujours contre ton torse. »

Alexis n'avait pas préparé de cadeau et considérait que ses propres pilosités relevaient de son *habeas corpus* : il fureta dans un tiroir, et y dénicha un bracelet en bakélite gravé de caractères cyrilliques, une babiole qu'il avait offerte à Clara et qu'elle avait oubliée là, parmi d'autres. Un jour, il devrait se résoudre à fourrer tout ça dans une valise qu'elle viendrait chercher, mais il retardait toujours l'échéance. Le bracelet, ce serait ça de moins à y ranger.

— Tiens, j'ai acheté ça aujourd'hui, exprès pour toi, chez un antiquaire. C'est de la pierre tellurique, ça attire les ondes positives.

Beverley déclara qu'elle sentait les ondes qui la pénétraient et entraîna Alexis sur le lit.

Le matin, en lui caressant les cuisses, elle lui demanda un autre cadeau : ne pourrait-il pas la glisser dans le casting Taoaya, juste dans le casting, je ne te demande pas le rôle, je veux juste que tu me donnes *ma chance*. Et comme elle remontait le long des cuisses, il lui dit oui. Il est des jours où les puissances tutélaires font relâche.

Était-ce par besoin de vraie affection, peut-être même de sympathie ? Alexis se languissait de Sammy. Ils dînèrent ensemble à la fin du mois de février, au retour de Saint-Lô – où le directeur de l'hôtel avait prétendu faire un numéro de claquettes –, avant qu'il ne reparte pour Ankara et Izmir. C'était le malfrat qui avait demandé cette rencontre, avec une insistance qui avait ému Alexis.

Sammy avait envoyé Dov le chercher à moto, et celui-ci le déposa devant un couscous crasseux de la Goutte d'or. Tous ces rituels, ces trajets à moto, ces restaurants exotiques aux plats imprononçables auraient pu exaspérer Alexis. Mais il y avait Sammy et sa suave emprise.

Celui-ci l'attendait devant son sempiternel jus de tomate. Il n'avait même pas commandé d'olives, quelque chose n'allait pas. Il laissa Alexis commander ; je prends pareil que toi, oui, méchoui, très bien, rien avant, rien après, je m'en fous, garçon, qu'elle soit préparée par votre tante, la semoule du couscous, nous avons à causer.

— Alexis, tu es mon ami, j'ai *vraiment* besoin de ton conseil d'ami. De deux conseils. Et même de trois, tiens. C'est important, il faut que tu les donnes sérieusement.

Sammy semblait embarrassé, Alexis ne l'avait jamais vu comme ça. Et il eut la certitude que le conseil vraiment crucial, ce serait le troisième. Les deux premiers, ce serait pour masquer l'importance du dernier. Alexis sortit un carnet pour donner plus de gravité à la discussion, et Sammy lui tendit son stylo, un gros stylo-feutre en argent sur lequel son prénom était gravé en anglaise.

— J'ai un gros souci, concernant ma vie de truand, annonça Sammy.

Truand. Il avait fait l'effort d'utiliser un terme du vocabulaire du réalisateur. Alexis se demanda comment les truands s'appelaient entre eux, dans leur vraie langue. Il se demanda surtout pourquoi Sammy venait lui parler de ses difficultés professionnelles. Comme si celles qu'il avait avec des siècles de littérature ne suffisaient pas.

— Non, Sammy, dit-il doucement, on a une règle du jeu : pour ces soucis-là, tu vois Philippe, je ne veux pas être mêlé à tout ça.

— Justement, c'est avec Philippe que j'ai le gros souci. Je veux un conseil.

Le gris de Boulaouane était tiède, bouchonné, mais Alexis le savoura soudain : ah, il n'était donc pas si formidable que ça, son copain Philippe !

— Voilà, Philippe a proposé que Momo ait des contacts avec un mouvement extrémiste.

— Momo ?

— Momo, c'est rien, c'est un nom de code, c'est moi. Tu ne prends pas de notes ? Philippe pense que ces contacts, ça pourrait donner un rebondissement aux trois quarts du film.

Alexis sentit un petit pinçon au cœur. Ainsi, ils en étaient déjà aux trois quarts du film, on lui avait déjà piqué les trois quarts de son héros sans lui en donner la moindre nouvelle. Et le dernier quart allait être grotesque : un mouvement extrémiste !

— Un mouvement extrémiste ? Quel genre ?

— Il ne sait pas, ça pourrait être des Corses, des Basques, des islamistes, c'est à voir.

Absurde ! Alexis nota en grognant de plaisir et s'arrêta soudain : c'était de Sammy qu'on parlait ! De son copain Sammy, pas de Momo. C'était Sammy qui courait des risques, des vrais, pas des risques de cinéma.

— Alors, Alexis, qu'est-ce que tu en penses ?

— Bon, je vais réfléchir. Pourquoi pas…

— Je l'attendais celle-là !

Sammy n'avait pas explosé, ne s'était pas levé, indigné. Il paraissait simplement déçu.

Il expliqua doucement à Alexis tout le chagrin que lui causait son attitude, il déballa les rancœurs qu'il emmagasinait depuis longtemps. Il ne supportait plus cette façon qu'avait Alexis de s'enfuir devant les problèmes, d'éluder les conflits, d'ignorer les responsabilités. Alexis fut tenté d'expliquer que c'était la faute de son horoscope, puis se ravisa : Sammy méritait mieux.

— Non, dit Alexis. Je pense vraiment *pourquoi pas ?* Je voudrais réfléchir. C'est très important pour notre film, tu comprends ?

Le visage de Sammy s'illumina :

— Tu viens de dire *notre* film, c'est la première fois. Eh bien, réfléchis, mais ne laisse pas moisir.

Alexis inspira longuement. C'était très excitant de promettre des conseils sur des sujets aussi graves, sans prendre de réelles responsabilités. Ça changeait de Victor Hugo.

— Et le second conseil, Sammy ?

— Ça concerne Victor Hugo.

Alexis inspira encore plus longuement : il lui sembla humer une sale odeur de chose littéraire qui flottait par-delà les vapeurs grasses de méchoui.

— J'ai feuilleté Maupassant, poursuivit Sammy. Ça se lit facilement, mais trop facilement. Finalement, je vais commencer par Victor Hugo.

Alexis accusa le coup, il venait de lire *Bel-Ami*, il commençait *Une vie*, tout ça pour rien ?

— C'est une erreur, Sammy. Commence par Maupassant, il faut l'avoir lu pour comprendre Victor Hugo. Lis au moins, je ne sais pas, moi... disons *Bel-Ami* ! Et *Une vie* ensuite, ce serait parfait. On pourra en discuter.

— Non, ce sera Victor Hugo. Maupassant ensuite, quand j'aurai fini. Victor Hugo, ça me paraît plus sérieux.

— Ah, Victor Hugo, tout est dans tout et réciproquement, le reste est dans Victor Hugo !

Sammy se figea, la fourchette chargée d'un morceau de carotte à hauteur de la bouche, et, dans la mémoire d'Alexis, cette image resta à jamais associée à Victor Hugo.

— Tu veux dire que ça n'a pas d'intérêt ?

— Si, si, concéda Alexis, en un pas conciliant qui annonçait la marche en retrait. N'en parlons plus, Victor Hugo, c'est bien. Et où est le problème ?

Du bout du couteau, comme pour donner davantage d'importance à son propos, il alla gravement dénicher une fibre de viande cachée sous l'os.

— Oui, Sammy, vraiment très bien, solide, Victor Hugo. Où est le problème ?

— Il a beaucoup trop écrit, ce type. Dix-neuf pages dans le bouquin jaune. C'est le record. Si je veux parler de Victor Hugo avec quelqu'un qui aime Victor Hugo, à ton avis, par quoi je devrais commencer ?

— *Les Misérables*, décréta Alexis.

C'était la première œuvre qui lui était venue à l'esprit. Il y en avait d'autres, les poèmes, les romans, on n'occupe pas dix-neuf pages comme ça, mais les titres exacts lui échappaient. *Les Misérables*, c'était très bien.

— C'est quel genre, en gros ?

Sammy semblait attendre que son ami disserte des *Misérables* avec des mots salivants, comme si l'œuvre figurait sur la carte d'un restaurant. Alexis, lui, se demandait soudain s'il avait vraiment lu ces *Misérables*. Il en avait vu toutes les adaptations en films, français ou américains. Il pouvait placer les dialogues dans la bouche de tous les Jean Valjean, de toutes les Cosette. Et il remarquait soudain que ces dialogues n'étaient jamais les mêmes : les originaux, il ne les connaissait pas.

— C'est une belle histoire, Sammy. Trop belle pour être résumée, trop longue aussi. Qu'est-ce que je peux te dire de plus ? Lis-la, ça te plaira certainement.

Et il lui parla de ses tournages Noctissimo jusqu'à la fin du repas, c'était un sujet qu'il maîtrisait mieux.

Ce fut au moment de partir qu'il se souvint :

— À propos, Sammy, et ce troisième conseil, ça portait sur quoi ?

Oui, ce devait être celui-là le conseil important. Plus important que les islamistes ou que les *Miséra-*

bles, c'était évident : Sammy le fixait, intimidé.

— J'ai une question un peu gênante à te poser, Alexis.

Alexis lui adressa un long regard compréhensif, un regard de confesseur en passe de recueillir l'aveu d'un péché de la chair.

— Oui… ?

— Si tu étais une femme, une femme de ton milieu, est-ce que tu me trouverais séduisant ? Est-ce que je pourrais faire un amant crédible ?

Alexis fut tenté par un « Euh, je vais réfléchir. Pourquoi pas ? » Puis il jugea plus amical de répondre oui, oui, assez séduisant, et crédible, bien sûr, crédible. Puisque ça ne portait pas à conséquence.

Ainsi s'acheva la rencontre amicale décisive. En rentrant, Alexis remarqua qu'il n'avait pas rendu à Sammy son stylo.

La viande du méchoui n'était pas fraîche, Alexis fut malade tout le week-end, et il décida de ne plus croire aux horoscopes.

18. Danses hongroises

Ce soir à l'église Saint-Germain-des-Prés, on allait jouer les *Danses hongroises* de Brahms. Clara retrouverait Sammy à vingt heures aux Deux Magots : il serait au fond de la salle, dans le coin le plus sombre, en train de piocher dans un ravier d'olives farcies, il aurait déjà bu son jus de tomate. Il porterait une chemise Lacoste sous une veste, il serait caché sous ses grosses lunettes noires, il aurait déjà acheté les billets. Ils prendraient ensuite place sur le côté droit du chœur, juste devant les musiciens. Et Sammy lui rappellerait qu'il aimait bien *voir* la musique.

Les sorties avec Sammy, c'était toujours des concerts, toujours à Saint-Germain-des-Prés. Peut-être une réminiscence du droit d'asile, au cas où.

À la sortie, il lui demanderait : « Ça t'a plu ? » – car ils se tutoyaient désormais. Il l'emmènerait boire un verre, au Flore cette fois-ci, avec du sel de céleri, garçon, le jus de tomate, et des olives, farcies les olives, merci. Il lui expliquerait pourquoi il avait trouvé ce concert merveilleux, il trouvait toujours les concerts merveilleux, il chantonnerait quelques passages. Clara était contrariée quand Sammy chantonnait, elle préférait quand il parlait ; mais elle ne voulait pas le lui dire, il était si touchant. Puis il lui offrirait le CD du concert, il la raccompagnerait à moto jusqu'au pied de son immeuble, il lui planterait au coin des lèvres un baiser de copain amoureux, et la soirée s'achèverait là.

C'était le rituel. Sammy aimait les rituels, et Clara aimait les rituels de Sammy.

Mais ce soir-là, Clara pensa que ça commençait à bien faire. C'était le premier jour du printemps, il fallait fêter ça. Elle appela sa mère pour demander, oui, elle pouvait garder Estelle, parfait, elle parla à sa fille qui comprenait, bien sûr que ça ne la dérangeait pas. Elle appela Sammy qui, oui, pouvait passer la prendre à dix-neuf heures, la clé sous la potiche du palier si Clara était encore dans son bain, d'accord.

Sammy arriva à dix-neuf heures très précises. Il sonna, attendit, souleva la potiche, entra et entendit Clara qui l'appelait :

— C'est toi, Sammy ? Je suis encore dans mon bain, entre, entre, je suis présentable.

Elle était allongée dans sa baignoire, enfouie sous des nuages de Taoaya.

— Je suis morte ! Je sors d'une réunion de préproduction du prochain film Taoaya.

Sammy voulut savoir ce qu'était une réunion de préproduction, ce qu'était ce film ; il s'intéressait au travail de Clara, il lui posait toujours plein de questions.

— La situation de départ, c'est exactement comme nous en ce moment.

— Et ensuite ?

— Ensuite, tu reviens en paréo, nous devrons nous imaginer dans une petite crique. Tiens, on va jouer le film, va chercher une sortie-de-bain dans ma chambre.

Sammy revint pudiquement drapé. Elle déclara, les yeux mi-clos : « *Je suis bien, je ne pense à rien. Juste à moi et Taoaya. Juste à moi en Taoaya. Juste à moi et à lui. Taoaya...* »

— Et alors ?

— Alors, si c'est un bon film, le patron de la Générale de Produits Cosmétiques pense qu'on peut deviner la fin.

C'était un bon film et Léo Lebail avait eu presque raison : sa seule erreur avait été de se demander si ça finirait au plumard ou dans la baignoire. Dilemme stupide, quand il y avait un lit juste à côté. Un lit dont les draps étaient frais et doux, Clara venait de les changer une heure plus tôt.

Et deux places restèrent inoccupées ce soir-là à Saint-Germain-des-Prés, sur le côté droit du chœur. Mais Sammy offrit quand même à Clara le CD des *Danses hongroises* le lendemain matin.

Pendant ce temps, Alexis achevait sa traversée du désert. Ce fut plus tard qu'il appela *traversée du désert* cette période, car l'expression, à l'époque, lui aurait paru trop optimiste. Une traversée du désert suppose l'idée d'une oasis qui vous attend pour vous faire oublier le grand silence immobile des sables et leurs nuits trop étoilées.

Mais pour lui, pas de silence immobile ; juste l'agitation des directeurs d'hôtel, des aéroports. Pas de nuits étoilées, mais celles avec Beverley ou celles passées assis dans les salles de bains des hôtels Noctissimo turcs, tentant de digérer le pylaf de boulgour d'Anatolie et le kebab à la purée de céleri-rave.

Et l'oasis enfin atteinte n'avait été qu'un semis de chétifs palmiers : un mot de satisfaction envoyé par le président de Noctissimo qui se déclarait très content de ce film institutionnel, enfin de la vraie communication comme je l'aime, bravo cher ami. Un président sinistre qui serait sans doute le seul à regarder son film, dans son bureau, les soirs où il voudrait se donner de la joie.

À cela s'étaient ajoutées d'élogieuses remontées des hôtels de province. C'était bien parti : tout le personnel avait le jingle en tête, on chantait *oh, oh, oh, oh !* dans les couloirs des hôtels.

Alexis errait seul dans ce désert : son infortune était maintenant connue du tout-Paris. Quand il appelait de vieux amis sur leur portable, ceux-ci lui chuchotaient *je ne peux pas te prendre, je suis en réunion, je te rappelle plus tard.* Et il n'y avait jamais de plus tard. Même Philippe avait prétexté un énorme travail, *je dois partir me documenter en province, pour le scénario avec Sammy ; il paie bien, mais il ne rigole pas, il veut que tout soit exact-exact, archi-verrouillé question décors, enfin, tu sais ce que c'est…* Non, Alexis ne savait pas, le seul décor qu'il connaissait, c'était le désert.

Mais un vrai palmier se profilait enfin : Léo Lebail avait annoncé que le nouveau packaging Taoaya était prêt, on pouvait lancer le nouveau film, on repart à zéro, même texte, mais version plus chaude, nous nous comprenons, hein ?

On avait donc repris le casting ; Alexis l'avait repris seul, car toute l'agence s'en désintéressait. Il avait demandé à la directrice de casting que les filles soient différentes, plus hot. Elles le furent. Mais l'une d'elles les surpassa toutes en ardeur, ce fut Beverley.

Alexis avait eu du mal à la convaincre de garder le paréo sur le buste pour la scène qu'elle jouait, à demi couchée sur la chaise longue. Elle se contenta donc de le tirer vers le bas, doucement, insidieusement, en déclamant son *Je suis bien, je ne pense à rien. Juste à moi et Taoaya. Juste à moi en Taoaya. Juste à moi et à lui. Taoaya...* Elle ne le jouait pas, elle le vivait avec un terrifiant naturel.

Quand l'agence visionna le casting, juste avant l'arrivée de Léo Lebail, Clara ne cacha pas son dégoût :

— Mais c'est la pétasse qui a remplacé l'hôtesse cet automne ! Tu vas chercher tes actrices chez les intérimaires, maintenant ?

Alexis s'en défendit, ulcéré : non, ce n'était pas une intérimaire qui jouait à la comédienne, c'était une jeune comédienne, excellente, qui bouclait ses fins de mois en faisant quelques intérims, c'était classique dans la profession, ah, on voyait bien que Clara ne connaissait rien au cinéma ! Le ton montait, quand Léo Lebail entra.

— Alors, on se tape les filles du casting ? Faites-moi défiler ça.

Il n'avait jamais vu de casting, il n'en connaissait pas les usages. C'est normal qu'elles ne jouent pas exactement la scène ? C'est normal qu'elles gardent leur sortie de bains, dans le vrai film, elles sont à poil, quand même, non ? C'est normal qu'on voie à peine leurs seins, on ne va pas nous la rejouer façon Langevin ? Et là, c'est, aaaah...

Il venait de découvrir Beverley à l'image :

— Oh putain, où vous m'avez trouvé ça ? Elle crève l'écran, cette nana ! Elle le crèèèève avec ses roberts, ooooh, c'est ça, cocotte, déballe-nous la marchandise, mais ce sont les deux frères Montgolfier qu'elle nous apporte là ! Il n'y a qu'à couper les amarres, ils gonflent, ils montent au ciel, et moi avec, excusez-moi mesdames ! Oh cette bouche, elle a vraiment une bouche à... oooh... repassez-moi la séquence !

— On pourrait aller jusqu'au bout du casting, et les repasser toutes ensuite, si vous voulez ! suggéra Clara.

— Si je veux, c'est elle que je veux, c'est une bombe, cette fille, elle va faire fondre les écrans à plasma. Resservez-moi ce morceau !

On recala la séquence sous l'œil extatique de Léo Lebail :

— Et son texte, comme elle le dit *Je suis bien,* moi aussi, cocotte, fais-moi de la place dans la baignoire, j'arrive, *je ne pense à rien*, et moi je ne pense qu'à ça, et toi aussi... *Juste à moi et à lui*. Et à moi, hein ?

Il s'épongea le front en gloussant :

— Bon, il est accepté votre casting, bravo, très bon boulot mon vieux, dit-il en tapant sur l'épaule d'Alexis.

En sortant, Lebail lui glissa qu'il était content de travailler avec un type comme lui, un homme normal, pas comme cette pimbêche coincée de Clara Deneyrac, et ces petits asexués de la création, parce que Zoé et Johnny, entre nous, mon vieux, c'est vraiment Sœur Cilice et Frère Encensoir-en-berne, hein, avec ceux-là, on serait repartis au casse-pipe.

Et Alexis se demanda comment il faisait pour se créer si aisément des amitiés indésirables. C'était cela aussi, l'oasis.

19. Ondes positives

Une semaine plus tard, Alexis prenait l'avion Thaï Airways pour Pattaya, puisque c'était en Thaïlande qu'on avait trouvé la crique de rêve. Tout semblait commencer comme à Cinecittà ou presque : Johnny et Zoé s'étaient dispensés de participer à ce second tournage dans lequel ils ne voulaient pas se compromettre. Et Alexis avait cette fois-ci pour voisin de vol Léo Lebail : son client avait insisté pour voyager au côté du réalisateur.

Alexis avait accepté avec résignation. Il s'apprêtait à écouler son stock habituel d'anecdotes de tournages, mais il en resta aux moins croustillantes qu'il offrait habituellement en zakouskis : Léo s'était endormi sur son épaule. Pendant tout le vol, Alexis huma une haleine aigre et contempla une chevelure grasse.

Étrangement, il n'en fut pas gêné. Toujours cette capacité à dénicher de petits bonheurs dans chaque contrariété. Pour s'abstraire de cette agression physique, il fallait penser à autre chose de plus agréable. Alors il pensa à lui.

Il se disait qu'un an plus tôt, jour pour jour, il trottait le long de la plage de Trouville en se préparant à cueillir les lauriers que méritait son premier long métrage. Il était alors près de son zénith. Et sa vie était comme ce jogging, il n'était pas allé jusqu'au sommet de la côte, il avait fait semblant, il en était redescendu pour revenir très vite au point de départ. En un an, il avait tout perdu : ses illusions sur sa carrière de réalisateur, son existence paisible avec la femme qu'il aimait, sa réputation, ses amis.

Il devenait urgent de rebondir, et ce tournage en serait l'occasion, si tout se passait bien. Mais tout allait-il bien se passer ? Il voyait parfois circuler dans le couloir Clara ou Beverley. Personne à l'agence ne devait connaître ses relations avec l'une et l'autre de ces femmes. Elles non plus.

L'orage s'annonça avant même l'entrée en territoire thaïlandais : Beverley ne parlait pas anglais. Au contrôle des papiers, elle ne savait que répondre à l'officier d'immigration. Clara, qui la suivait, vint à son secours.

— Il veut connaître le motif de votre voyage, dites business, ou sex-business, c'est à vous de savoir comment vous le concevez.

Beverley la regarda inquiète : cette femme avait l'air si agressive. Tandis qu'elle remplissait sa carte de débarquement sous l'œil de Clara, son bracelet descendit le long du bras et roula sur son poignet.

— Tiens, c'est quoi, ce bracelet ? demanda Clara.

— C'est un collier en pierre tellurique, un cadeau de mon fiancé.

Beverley sentit passer de vilaines vibrations : Clara

faisait tourner le bracelet, elle en admirait les caractères cyrilliques d'un œil surpris. Elle lança à Beverley un regard aussi noir que le bracelet.

— Ça attire les ondes positives, précisa Beverley en un sourire fervent.

— Votre fiancé ! Des fiançailles pareilles... je ne sais pas lequel de vous deux il faut plaindre, dit Clara d'une voix très négative.

Déjà, on les faisait avancer, *next, please, this way, please proceed...*

Le Royal Lodge Hotel était situé dans un petit parc boisé, à l'extérieur de Pattaya, et dominait la mer. On y logeait en bungalows de deux personnes. Clara dormait avec la TV productrice, Thierry Sénéchaud avec l'acteur qui jouerait le rôle du mari. Alexis avec le chef opérateur. Beverley avec la coiffeuse-maquilleuse. Et Léo Lebail dormait seul avec ses projets.

Alexis imagina quelques combinaisons et arrangements pour la nuit suivante, puis renonça : il n'était plus à Rome, les jeux du cirque étaient terminés, il devait rompre avec le passé. Rebondir.

L'île de Lan et sa crique les attendaient au fond de la baie, face à l'hôtel. Le lendemain, quand la vedette eut débarqué l'équipe, chacun soupira d'aise : le décor était parfait. Quand Beverley se dévêtit pour s'étendre dans l'eau de la crique, chacun soupira plus encore. Léo Lebail, surtout. Il tournait autour de Beverley, demandait qu'on ajoute un peu plus de Taoaya pour qu'on voie mieux son produit, *hé, c'est quand même lui la vedette*, demandait qu'on en retire pour qu'on voie mieux *le corps de l'actrice qui est très télégénique*, il voulait qu'on cale un petit coussin sous les fesses de Beverley pour la faire mieux émerger, puis venait le retirer, il avouait ne pas savoir ce qu'il voulait. Et chacun savait qu'il le savait de mieux en mieux.

Alexis attendait, assis derrière la caméra. Il regardait Clara qui contemplait la scène d'un œil méprisant. Il se demandait à qui s'adressait ce mépris : à Beverley ou à Léo Lebail ? Curieusement, il semblait que c'était à lui-même.

Elle s'éloigna pour aller téléphoner et Alexis l'observa : le visage de Clara s'était soudain fait plus tendre. À qui pouvait-elle parler ? À Estelle ? Il devait pourtant faire nuit, en France. Elle revint plus paisible, rêveuse.

Et Alexis pensa que c'était le moment de rebondir, avec Clara pour commencer. Il s'approcha d'elle pendant que le chef opérateur préparait son cadre. Il cligna légèrement des yeux et lui souffla, d'une voix humble :

— Je sais que j'ai fait une connerie…

Clara lui concéda que c'était la seule chose qu'il savait faire. Mais Alexis savait aussi excellemment jouer les accidentés de la vie :

— Depuis, je me sens seul, si seul, relança-t-il. Je suis parfois tenté par le pire. Ma vie ou rien, c'est pareil, je suis dans une phase très négative…

Elle lui conseilla de porter un bracelet tellurique et lui tourna le dos. Ce rebond-là serait difficile.

À force de tâtonner dans la mousse, Léo Lebail avait enfin trouvé le niveau qui lui convenait. Le tournage pouvait commencer.

Alexis filmait avec effroi et admiration : Beverley jouait avec une superbe intensité d'expression. Même ses yeux semblaient rouler des pelles. Elle suçait chacun de ses mots, et ses mains semblaient s'égarer sous l'écume quand elle ne pensait à rien, juste à elle en Taoaya, juste à elle et à lui. Elle donnait un sens à ces phrases stupides, un sens gras et lourd. Et Alexis avait honte de la vulgarité de cette fille. Honte, surtout, du sourire que Clara lui lançait entre deux prises.

On termina plus tôt que prévu. Il ne restait que les scènes de baignoire à filmer le lendemain, dans une suite de l'hôtel.

Le soir, Alexis arriva en retard au restaurant. On lui avait gardé une place entre le chef opérateur et Thierry Sénéchaud. À l'autre bout de la table, Léo Lebail conversait ardemment avec Beverley, à voix très basse. Et Clara lui lançait des clins d'œil perfides.

Quand arriva le dessert, Alexis emmena le chef opérateur sur le décor de salle de bains pour préparer les plans du lendemain. Quand il revint au restaurant, il n'y trouva ni Beverley ni Léo Lebail : ils étaient montés déguster un sorbet sur la terrasse surélevée, celle construite dans les palmiers. Clara lui avait expliqué cela, avec un sourire qui n'était plus perfide ; simplement cruel.

Le lendemain matin, Alexis trouva tout le monde fatigué sur le décor de salle de bains ; dans le bungalow 17, une fille avait passé la nuit à hurler *je jouiiiis*, et une autre voix s'était mêlée à la sienne.

Clara était venue taper, vers minuit, à la porte du bungalow d'Alexis pour demander qu'ils fassent moins de bruit. Le voyant arriver ébouriffé de sommeil, elle s'était excusée très gentiment, oh, désolée, je croyais que…

Elle était revenue quelques minutes plus tard pour s'excuser à nouveau, encore plus gentiment : oui, c'était bien une erreur, en fait, le bruit venait du bungalow de Lebail.

La gentillesse de Clara était ce qu'elle avait de plus féroce.

Beverley prit ses aises dans la baignoire, et le tournage reprit. Elle jouait décidément très bien. Mais son timbre n'était pas complètement raccord. La veille, elle parlait d'un ton goulu, affamé. Aujourd'hui, le ton paraissait rassasié. La veille, elle jouait en pensant au réalisateur, aujourd'hui elle pensait au client.

Et Alexis, lui, ne voulait penser à rien. Juste à tourner. Moteur, action, coupez, c'est très bon ma chérie. Chacun sur le plateau appelait Beverley *ma chérie*, même les techniciens thaïlandais. Et elle souriait à chacun.

À la pause sandwich, Beverley s'approcha drapée dans un paréo.

— Je t'ai blessé mon cœur. Ne me juge pas pour cette nuit, c'était plus fort que moi.

Elle parlait comme dans un roman-photo. Alexis grogna sans répondre.

— C'est l'air qui a fait ça, il était électrique, ça m'a prise là, précisa-t-elle en ouvrant le paréo pour exhiber son nombril.

Jamais Alexis n'avait remarqué qu'il était aussi laid : saillant, rosâtre, mal dessiné. Une obscénité.

— Tu sais, en Thaïlande, il y a des courants feng-shui très forts, qui éveillent notre côté animal. Ils ont lâché la bête en moi. En Léo aussi. C'était une explosion des sens. Comme dans le film *Emmanuelle*, tu vois l'épisode ? Celui où…

Alexis s'écarta de la bête encore chaude, et commanda un cognac thaïlandais.

Elle lui cria, de loin, comme s'il fallait que tout le monde l'entende :

— J'espère que nous resterons amis.

Il haussa les épaules et cria, encore plus fort :

— On reprend ! On refait la dernière !

Il aurait voulu refaire aussi l'avant-dernière, toutes les prises de sa vie depuis un an. Mais non, elles étaient définitivement dans la boîte, numérotées, empilées, ratées. Il devait rebondir.

Cette fois encore, le tournage s'acheva en avance. L'avion, lui, partit en retard, par la faute d'Alexis : avant l'embarquement, quand il passa le portillon de sécurité, toutes les alarmes se déclenchèrent. Après une fouille approfondie, on finit par en découvrir la cause : Alexis portait en sautoir un petit médaillon argenté en forme de cœur, qu'il avait omis de déposer. On le lui fit ouvrir et l'on en découvrit le contenu frisottant. Les officiers de police thaïlandais étaient d'un naturel joyeux : tandis que l'objet passait de main en main, accompagné de leurs gros rires, Clara, qui venait de passer le contrôle du côté des femmes, contempla la scène, s'approcha pour admirer la chose et gloussa avec eux.

Et Alexis pensa qu'il ne pouvait pas espérer descendre plus bas dans l'estime de Clara. Il allait remonter, c'était une évidence physique.

Il pensa aussi que, parfois, en remontant, les plongeurs descendus trop bas restent paralysés pour la vie.

Il était deux heures du matin quand, à Roissy, Alexis vit partir, soulagé, le taxi qui emportait Léo Lebail et Beverley vers de nouvelles aventures : il avait mis un terme à cette épouvantable liaison. Le film Taoaya allait faire un énorme bide qui clorait sa carrière de réalisateur de films publicitaires. Il ne lui restait plus qu'à se montrer suffisamment fuyant pour mettre fin à son emploi de coach littéraire de Sammy. Il allait redevenir un homme libre.

Le taxi déposa Alexis rue des Filles-du-Calvaire, et celui-ci remarqua que son appartement était resté allumé. La porte d'entrée s'ouvrit dès qu'il la poussa : deux petits rondouillards avaient vidé les armoires et éparpillé les dossiers sur la moquette.

— Vous tombez bien, dit le plus rond des deux. Je suis le commissaire principal Viard, voici le lieutenant de police Panatta. Voulez-vous nos cartes ? Nous, ce que nous voulons, c'est savoir qui vous êtes. Ou plus exactement, monsieur Alexis Pirief, nous voulons savoir *ce que vous êtes pour Raggi*, Sammy Raggi. Asseyez-vous, et causons.

20. Commission rogatoire

Des années plus tard, alors qu'il était devenu riche et célèbre, déjà considéré comme un vieux con, Alexis devait garder un souvenir très précis de cette scène. Un souvenir d'imperfection cinématographique.

D'abord la faute de casting : les deux policiers présentaient un physique semblable. Ils étaient petits, dodus. Un bon commissaire, dans les films, pouvait être petit et dodu, mais il devait alors avoir pour inspecteur un grand échalas. Le commissaire principal Viard et le lieutenant de police Panatta semblaient ignorer cette règle. Le lieutenant était simplement un tantinet plus grand, avec son mètre soixante-dix. Un tantinet plus gros, plus chauve. Un tantinet moins intelligent, sans doute, mais ce n'était peut-être qu'une impression, tant le commissaire semblait alerte, et même drôle. Ses yeux noirs pétillaient, et ses cheveux étonnamment blancs pour un homme de quarante ans semblaient recevoir une illumination du ciel.

Ensuite la composition de l'image : ils étaient assis dans les deux fauteuils crapaud de cuir noir et, d'un geste affable, invitaient Alexis à prendre place sur le banc-coffre de hêtre au milieu, comme s'il devait narrer ses souvenirs de vacances. Un plan beaucoup trop large.

Et cette erreur de dialogue :

— Vous avez un mandat de perquisition ? demanda Alexis – au cinéma, dans ces situations, il fallait toujours ouvrir la séquence par cette question.

— Un mandat de perquisition, non, répondit Viard. Ça n'existe que dans les films. Mais j'ai une commission rogatoire du juge. C'est comme ça qu'on dit, dans notre métier.

— Et qu'est-ce qu'il me veut, le juge ?

— La même chose que nous : il veut savoir ce que vous êtes pour Sammy Raggi. Il est curieux, le juge. Nous aussi, excusez-nous.

En disant cela, Viard avait balayé de son petit bras le désordre répandu.

Alexis, lui, faisait l'inventaire de tous les mensonges et de toutes les omissions possibles. Il était innocent, donc en position de faiblesse : il allait mal s'expliquer. Il se demandait donc jusqu'où aller dans l'aveu. Sur quel palier de vérité fallait-il tenir position ? Il y en avait tant, une échelle infinie qui lui semblait descendre jusqu'aux enfers. Il s'arrêterait au premier barreau, cela suffirait.

— Monsieur Pirief, reprit Viard, avez-vous déjà entendu parler de la PNL, la programmation neurolinguistique ? Quand vous préparez un mensonge, évitez de bouger vos mains, ne faites pas de grimaces, elles vous trahissent. Ne serait-il pas plus simple de dire la vérité ?

De la PNL ! Le type avait dû lire un *Que sais-je ?* ou un article dans *Ça m'intéresse*. Alexis n'allait pas se laisser impressionner. Mais soudain, il ne savait plus comment poser ses bras, ses mains. Il fut tenté de se gratter l'oreille avec le genou, juste pour embêter le flic : ça signifiait peut-être quelque chose.

— Nous allons vous aider en posant des questions faciles, continua Viard. Et d'abord, comment avez-vous connu Sammy Raggi ?

Le plus simple était encore de dire la vérité :

— C'est un truc complètement fortuit, ça s'est fait il y a un an à la Centrale de Caen.

— Complètement fortuit ! Oh, le menteur ! Oh, le vilain menteur !

C'était Panatta qui avait lâché ça. Ce type allait jouer le rôle du comparse, il avait la tête de l'emploi. Ils ressemblaient à deux comiques usés par les tournées en province, toutes leurs reparties devaient être mécanisées.

— Ça commence mal, le lieutenant Panatta ne vous croit pas, soupira Viard. Bon, racontez-moi ça, j'aime les histoires fortuites.

Alexis confessa la visite de Jean-Guy Lemarin, la projection au ciné-club, sa visite à la centrale le lendemain. Il en minimisa le contenu.

— Raggi voulait savoir comment s'y prendre pour faire du cinéma, on en avait déjà parlé la veille. Vous imaginez, tous ces pauvres types en prison, c'est leur rêve, faire du cinéma, devenir acteur… Je suis resté évasif.

— Oh, le menteur ! conclut Panatta en se tapant les cuisses. Oh, le fortuit petit menteur !

— Non, Panatta, le tança doucement Viard. Fortuit ne veut pas dire stupide, ça veut dire accidentel.

— Bon, ça m'empêchera pas de pisser, gloussa Panatta. C'est où ?

Alexis lui désigna la salle de bains d'une main lasse.

— Le lieutenant Panatta vient de la banlieue nord de Marseille, chuchota Viard. C'est aussi la France, mais pas la même.

La porte de la salle de bains était restée ouverte ; on entendit un flot joyeux, puis un étrange bruit : le lieutenant Panatta s'égouttait gaillardement le membre, et Alexis l'imagina long, blanc et flasque. Il se demanda même si le flic ne l'essuyait pas dans sa robe de chambre Kenzo en soie.

— Il n'a pas les mêmes repères culturels que vous et moi, mais c'est un excellent flic, poursuivit Viard. Vous savez pourquoi ? Parce qu'il a du nez. Moi, j'analyse, je cherche, mais lui, il fonce, il trouve. Il carbure à l'intuition. Un vrai limier. J'aime travailler avec lui, c'est un bonheur.

Le bonheur sortit en se reboutonnant.

— Revenons à votre belle histoire, relança Viard. Je vais vous en raconter une moins belle. La différence, c'est qu'elle est vraie.

Le flic avait l'air content de lui, il allait s'écouter parler. La nuit serait longue.

— Vous venez présenter votre film au Festival, mais c'est un leurre ; votre vrai but, c'est de rencontrer Sammy Raggi. Vous avez l'intelligence de le faire en jouant à l'abruti total.

— Enfin, c'est absurde, commissaire !

— Oui, c'est apparemment absurde, vous risquiez de griller votre film pour le festival, et c'est ce qui est arrivé. Mais peu vous importait : vous prenez contact avec le jeune Jean-Guy Lemarin afin qu'il projette votre film au ciné-club de la Centrale où est enfermé Raggi.

— Ah, non, pas du tout, c'est Jean-Guy qui m'a contacté.

— Le pauvre Jean-Guy ne peut hélas plus vous contredire, il s'est tué, avec la secrétaire de son père, dans un accident de voiture. Mais j'ai tout le public du ciné-club qui peut témoigner que vous avez vigoureusement affirmé avoir pris l'initiative du contact avec le jeune Lemarin. Et son père, le sénateur-maire, est formel : c'est vous qui avez manœuvré son idéaliste de fils pour présenter ce film. Tout ça pour rencontrer Sammy Raggi.

— Non, non, je ne le connaissais pas !

— Oooh, le menteur !

Panatta avait recommencé à se bidonner. Un gros rire vulgaire, qui s'accompagnait d'exhalaisons de saucisson à l'ail. Ce type était écœurant.

— Je comprends l'étonnement du lieutenant Panatta, car les témoignages des gardiens de la Centrale sont catégoriques : dès la fin de la projection, c'est bien *vous* qui avez traversé la salle pour aller parler à Sammy Raggi. Il était déjà debout et s'apprêtait à partir. Peu après, quand il sort, vous lui lancez : « Ah, revenez ! » Et il revient, obéissant comme un bambin. Lui, un caïd !

Alexis fixait avec lassitude le bout de ses pieds. Il était fatigué, il voulait dormir, et il devait écouter ce flic qui pérorait. Comment faire taire un imbécile persuadé d'avoir raison ?

— Et c'est *vous*, Pirief, qui vouliez le revoir le lendemain, le directeur de la prison s'en souvient très bien. Motif invoqué : *proposer un travail* à sa sortie de prison, c'est écrit de votre main sur votre lettre et sur le formulaire. Contenu de la conversation, je l'ignore. Mais vous lui laissez votre carte de visite : les gardiens l'ont repérée lors de la fouille mensuelle.

— Fin du premier épisode, conclut Panatta.

— Oui, Panatta. Je résume : le réalisateur inspiré mène une double vie. Dans cette seconde vie, il prépare un grand projet criminel pour lequel il lui faut un bras armé, il va chercher ce qui se fait de mieux dans le genre : Raggi. Il l'appâte en quelques mots, revient le convaincre le lendemain.

Alexis soupira. Panatta l'imita en rigolant. Et Viard poussa à son tour un vrai soupir :

— Fallait-il que votre projet soit énorme pour lui sacrifier votre *Zoubeida*. C'est dommage, il était bien ce film. Intelligent, tendre, féministe.

— Vous l'avez vu ?

— Bien sûr. Il ne lui a manqué qu'un tremplin : s'il avait obtenu la Pomme d'or, tous les espoirs vous étaient permis. Mais vous aviez d'autres espoirs, bien plus importants. C'est la suite qui est intéressante, je continue ?

Le monde était tordu : pour la troisième fois, Alexis rencontrait un cinéphile fin et sensible, avec lequel il aurait pu parler de *Zoubeida* jusqu'au petit matin. Et ce type était en train de bricoler un aberrant scénario dans lequel il refaisait la vie d'Alexis.

— Continuez, continuez, l'encouragea Alexis.

Il devait le reconnaître, le scénario aberrant l'intéressait.

— La remise des prix couronne à peu près tous les films sauf le vôtre. Puis vous vous faites oublier. Quelques mois plus tard, Sammy Raggi sort de prison et vient vous retrouver. Ce jour-là, il arrive très pressé, accompagné d'une jeune femme qui le suit deux minutes plus tard. Il repart avec vous et la jeune inconnue. On en reparlera.

— Vous mélangez tout…

Alexis sentit un lourd silence tomber sur son appartement, sur ses épaules. Les deux comiques ne riaient plus du tout. Il lui fallait vite un verre d'alcool, de n'importe quoi. Il se leva et sortit une bouteille de calvados, celle que Clara lui avait offerte un an plus tôt.

— Passons maintenant aux choses sérieuses : quels ont été ensuite vos contacts avec Sammy Raggi ?

— Très épisodiques. Il m'a reparlé deux ou trois fois de son projet de faire du cinéma. Je me suis montré évanescent.

— Évanescent ! Oh, monsieur Pirief, soyez gentil, arrêtez les mensonges. Évanescent, non. Je dirais plutôt très directif : plus qu'un coach, pire qu'un patron, presque un esclavagiste. Vous le soumettiez à des cadences infernales, toujours plus de casses, toujours plus de résultats, en renouvelant les méthodes pour y parvenir. Quel pouvoir avez-vous sur lui ? Je ne sais, mais j'ai là les minutes d'une écoute téléphonique.

Viard lut lentement, en ajoutant des effets de voix, il surjouait, il aurait fait un désastreux comédien :

— *C'est Sammy. Avez-vous vu le reportage sur Saint-Germain-en-Laye aux informations ? Voulez-vous que je vous envoie l'enregistrement ? Ça vous convient ? Ça progresse, hein ! Vous qui vouliez de l'invention, vous êtes satisfait, non ?*

— *Non je ne suis pas content, je ne veux pas recevoir d'enregistrement, des progrès comme ça, ça ne m'intéresse pas.*

Alexis croisa les regards des deux flics : ces deux abrutis l'admiraient.

— Personne en France n'a jamais osé parler comme ça à Sammy Raggi. Personne de vivant, en tout cas. Vous me direz, ce ne sont que des mots, des paroles, ce qui compte, ce sont les écrits. Eh bien, en voilà, des écrits… ce dossier, c'est le vôtre. Raggi vous y rend des comptes comme un petit employé craintif.

Viard avait ouvert le dossier ivoire d'Alexis, avec

les premières coupures de presse naïvement annotées, puis le contenu de la grande enveloppe, les comptes rendus de casses dans les journaux, la feuille manuscrite orange, et il lut : « *Progression et invention ! À vos ordres ! J'ai beaucoup travaillé pour vous, le financement du projet est maintenant assuré. Le conflit interne, je m'en occupe. Quand pouvons-nous reparler de tout ça ? Le plus tôt serait le mieux. À vous de voir. Sammy.* »

— Vous lui mettiez une sacrée pression, le pauvre, rigola Panatta. Patron de choc, hein !

— Il vous en fallait de l'argent pour ce grand projet ! ajouta Viard. Et peu après, vous commencez à le mettre sur pied, en France et dans toute l'Europe. Avec une couverture formidable, celle de petits tournages foireux. C'est habile, mais qui croyez-vous tromper ? Vous voulez me faire croire qu'un réalisateur de votre talent irait se commettre dans des films aussi minables, en Slovénie ou à Maubeuge ! Un assistant-stagiaire n'en voudrait pas !

Alexis se servit un second verre de calvados, mais Panatta le renversa d'un revers de la main :

— On ne boit pas en dehors de la table ! Vous boirez quand vous vous serez mis à table. Allez, j'écoute !

Et Alexis raconta.

21. Donnant donnant

Il raconta tout : la lubie de Sammy, le harcèlement que lui avait infligé le malfrat qui l'envahissait de ses exploits. Il confessa aussi sa descente aux enfers. Il occulta simplement ce qui n'avait aucun intérêt : l'idée de Clara – il ne parla pas du tout de Clara –, ainsi que la participation de Philippe au scénario. En déballant cela, il se sentait plus léger, comme s'il se vidait d'une année lamentable qui serait désormais effacée de sa mémoire. Il se sentait un homme neuf.

— Voilà, conclut Alexis. Je vous déçois, mais il n'y a pas de grand projet : il n'y a qu'un malfrat qui veut que je fasse un film sur lui.

Un interminable silence vint écraser la salle. Comme au théâtre. On allait fermer les lumières, laisser tomber le rideau, peut-être applaudir, et il pourrait se coucher. Mais non, le commissaire voulait assurer la critique du spectacle :

— Ingénieux, bravo, approuva Viard. Votre scénario est amusant, mais aucun réalisateur n'en voudrait. Trop mal ficelé.

Et Panatta ajouta, avec un sourire débonnaire.

— Il y a des personnages en trop. Cette Clara, par exemple. Parlez-nous un peu de Clara.

Il ne fallait pas répondre. Tout ce que dirait Alexis se retournerait contre lui. Ils en parleraient à Clara, Alexis serait définitivement grillé à ses yeux. Il se tut.

— Vous ne dites rien ? Bien, je parle à votre place, poursuivit Viard. Au début, vous emmenez la mystérieuse Clara avec vous à Trouville. Des voisins vous ont entendu l'appeler, dans la rue. Pourquoi cette Clara ? Est-ce elle qui a préparé le contact avec Sammy Raggi ? Peu importe, en tout cas, le soir même où ce contact est établi, elle disparaît. Elle a quand même eu le temps de se faire connaître de tout Trouville en s'exhibant nue au balcon. Quelques mois plus tard, qui vous ramène Clara ? Sammy Raggi ! La concierge est formelle : c'est avec cette fille que vous couchez cette nuit-là, et plusieurs fois au cours des semaines qui suivront. Raggi vous la rend et vous l'en remerciez avec des commentaires flatteurs : j'ai le témoignage de votre voisine, la demoiselle Boudard, qui vous a entendus et vus à moto, devant un feu rouge. C'était votre ami Sammy qui la pilotait, elle l'a reconnu sur une photo. Et que disiez-vous à ce bon Sammy ? *Oui, Clara c'est un bon coup. Clara ne me fait pas de trucs au lit, mais c'est un très bon coup quand même.*

— Clara, c'est une fille du milieu ? demanda Panatta. Une pute de luxe ? Vous l'avez rendue à Sammy ? Elle est repartie chez elle ? Où ? C'est une fille des pays de l'Est ?

— Vous y êtes, approuva Alexis. Clara, c'était juste une pute de luxe, je l'ai envoyée se faire foutre chez elle.

Il chercha un pays de l'Est un peu chic, histoire de marquer le coup :

— Chez elle, en Moldavie.

Et voilà, ce n'était pas plus compliqué que cela, Clara avait disparu de leur enquête, disparu en Moldavie, et Alexis respira, soulagé.

— Eh bien, vu comme ça, tout devient simple, conclut Viard avec un clin d'œil. Je suis sûr que vous allez me trouver une explication aussi simple pour l'affaire de terrorisme.

Alexis respira un peu plus vite : le commissaire venait de brandir une feuille de papier, et Alexis en reconnut l'écriture. C'était la sienne.

— *« Étudier contacts extrémistes. Corses, Basques, islamistes : à voir »,* déclama Viard. C'est bien vous qui avez écrit ça ?

— Oui, mais c'est une pure fiction, juste une hypothèse de scénario.

Le regard de Viard se fit soudain méchant. Accusateur.

— Non, non, stop, ici ce n'est plus du cinéma. Monsieur Pirief est le chef, il décide, et le brave Sammy obéit : il vient de prendre contact avec Revoluzione Corsa.

Et le commissaire rappela très vite ce qu'était Revoluzione Corsa, comme s'il était à la télévision, Revoluzione Corsa, un mouvement indépendantiste anarchiste, très militarisé quand même, très violent en plus, surtout actif à Corte... ça y est, ça vous revient en mémoire, Pirief ?

Alexis afficha un air ahuri, le plus ahuri possible. Pas assez ahuri pour arrêter le commissaire :

— Si nos tuyaux sont exacts, Raggi a pris contact avec eux. Actuellement, c'est sans suite, précisa-t-il. La seule suite immédiate, ce sera votre inculpation pour participation à association de malfaiteurs en vue d'une entreprise terroriste, un chef d'accusation qui peut coûter cher. C'était votre idée, il faut l'assumer. Nous y reviendrons. Et maintenant, que va faire Raggi ? Vous devez le savoir : vous êtes la tête, il est le bras.

Tout devenait trop difficile à expliquer. Alexis partit à la salle de bains, il ne voulait pas qu'on le voie pleurer. Il était la tête, et une tête ne pleure pas.

À son retour, le commissaire vint doucement à son côté, se pencha vers lui et lui passa le bras autour de l'épaule :

— Vous aviez un grand plan, qui demandait un énorme financement. Vous mettez en place une superbe machine à fric. Et voilà que tout se coince à cause de deux grains de sable : un coup de téléphone et une photo. Le premier grain de sable, c'est cet appel de Raggi sur votre portable, une nuit, alors qu'il était déjà sur écoutes. Au début, on n'a pas donné suite, car, vérification faite, il y avait votre plainte pour vol de ce portable prétendument commis quinze jours plus tôt. Puis, second grain de sable, cet article dans *Les Cahiers du Cinéma* : on y parle de votre film, en bien d'ailleurs. Et qui reconnaît-on à côté de vous, sans lunettes, sur la photo ? Sammy Raggi ! Là, on a dû revenir au portable, on est remonté à la source. Et maintenant, séchez vos larmes, mouchez-vous, je vais vous annoncer une bonne nouvelle.

Il tendit à Alexis un mouchoir rouge de Cholet et lui lança un clin d'œil canaille :

— Allez, vilain garnement, on va tous oublier votre grand plan, vous le premier, bien sûr. Votre version des faits craque de partout, mais on va faire semblant d'y croire, parce qu'elle nous arrange. Vous nous êtes bien plus utile en liberté qu'en prison.

Le flic le regardait avec un œil joyeux et résolu, un œil de chef scout :

— Vous savez, reprit Viard, quel est le moment le plus excitant de la vie des maîtres-espions ? C'est quand ils se font retourner.

— Ah, ces gars-là, c'est tout tarlouzes et plante-la-moi, grogna Panatta.

— Non, Panatta, le reprit le commissaire, ça signifie simplement qu'ils passent dans le camp d'en face. Comme va le faire monsieur Pirief. Un homme de sa qualité en prison, ce serait dommage, alors il va nous aider, pour ne pas y aller.

Et le commissaire Viard expliqua à Alexis que la société lui confiait une mission : puisqu'il avait une telle influence sur Sammy, il devait tout faire pour que le malfrat reprenne contact avec Revoluzione Corsa. Le juge qui était sur ce dossier voulait prouver les relations de ces indépendantistes-là avec le milieu, il lui fallait de bonnes preuves, des solides qui ne cassent pas : le mieux c'était donc de les fabriquer.

Le commissaire parlait de ça d'un air débonnaire mais résolu, comme un commerçant qui discute avec son fournisseur des ristournes de fin d'année. Le premier juge avait demandé au juge en charge du dossier Raggi/Pirief de lui rendre ce service. Ce juge-là avait demandé au commissaire Viard de lui rendre ce même service. Et le commissaire demandait enfin à Alexis de lui rendre toujours ce même service. Et tout ce monde très serviable était d'accord pour récompenser ensuite le très serviable Alexis, tout ce monde oublierait ses incartades.

— Donnant-donnant, monsieur Pirief. On efface tout. Vous oubliez votre grand projet, et vous jouez cartes sur table : vous nous racontez tout ce qui se trame avec Sammy. Et puisque vous avez une telle emprise sur lui, vous le forcez à renouer ce contact corse. À n'importe quel prix.

Alexis les raccompagna à la porte, avec le soulagement d'un homme qui a réussi à se faire absoudre des turpitudes les plus impardonnables, celles qu'il n'a pas commises. Il se demanda s'il n'était pas encore temps de parler du rôle de Philippe, mais ça n'apporterait que des complications. Et il avait son orgueil : si quelqu'un pilotait Sammy, ce ne pouvait être que lui. De toute façon, c'était trop tard, ils avaient disparu dans l'escalier. Alexis s'écroula tout habillé sur son lit.

Panatta proposa à Viard de le raccompagner dans sa Twingo. Il conduisait, silencieux, tendu.

— Alors ? finit par demander Viard, presque par politesse.

— Un sacré client, commissaire ! lâcha Panatta.

— Oui, complètement insaisissable. Une anguille. Par moments, je le crois sincère, jamais longtemps. Il ment, il dit la vérité. J'ai l'impression qu'il ment quand il dit la vérité, et qu'il dit la vérité quand il ment.

— Le marché que vous lui avez proposé, commissaire, faudra se méfier : c'est un tordu, ce gars, il essaiera de nous doubler. Son grand projet, il va s'y accrocher.

— Et ce grand projet, à votre avis ?

— Proxo. Ce gars-là va monter un business de proxénétisme.

— Mais il n'a pas du tout la tête de l'emploi !

— Les temps changent, commissaire. Les truands se font des têtes de députés, les députés des têtes de curés, les curés des têtes de syndicalistes, les syndicalistes des têtes de cadres sup, les cadres sup des têtes de truands. Pourquoi voulez-vous que les proxo se fassent des gueules de proxo ?

Le commissaire se tut, comme fasciné par l'hypothèse.

— Oui, conclut-il, il est décidément très fort, ce con, surtout quand il joue au con. On s'y tromperait.

Le commissaire baissa la vitre de la Twingo, comme pour en renouveler l'atmosphère saturée de leurs doutes. Mais l'air frais de cette nuit d'avril ne fit qu'aviver son scepticisme.

22. Risques

Ils étaient tous les quatre autour de la table ronde. L'atmosphère était pesante, les conversations mesurées :

— Je crois que, finalement, je vais quand même m'attaquer à la Grande-Bretagne, soupira Sammy.

— Avec ce que t'as comme hommes, c'est de la folie, ricana Noureddine ! Vise plutôt l'Égypte. De là, tu passeras en Afrique du Nord.

— C'est possible, mais j'aime bien la folie. Passe-moi les dés.

Cette partie de Risk ennuyait Sammy. Amusait-elle ses hommes ? Il n'en était pas sûr, ils semblaient jouer pour lui faire plaisir, comme avec un malade.

C'était une idée de Philippe, une mauvaise ; ils en avaient parlé juste avant que ce dernier ne parte un mois en Californie pour un stage de scénario.

— Ce serait bien, une scène où Momo jouerait à un jeu de société avec ses gars, ça créerait une ambiance tendue. Et puis d'un coup, ils exploseraient, ils s'engueuleraient avec lui.

— S'engueuler ? Pourquoi veux-tu qu'ils s'engueulent ?

— Ils ne seraient pas d'accord avec sa façon d'évoluer, avec ses nouvelles fréquentations, ils se révolteraient contre son autorité.

— Non, eux, s'engueuler avec Momo ? C'est impossible.

— Ils pourraient quand même lui faire des reproches.

— À la rigueur. De toute façon, ils pourraient en discuter pendant une partie de poker dans l'arrière-salle d'un bistrot.

— Non, trop cliché. Il faut un jeu de société, un Monopoly, un Risk.

— Mais enfin, tu vois des truands arriver avec un Monopoly dans un bistrot ?

— Ils feraient ça chez Momo, il les aurait invités chez lui pour créer un climat de confiance.

Sammy avait accepté sans enthousiasme. Depuis l'épisode du parking de La Défense, il se méfiait des idées trop originales de Philippe. Mais il en avait eu de si bonnes, on ne pouvait pas toujours dire non.

Sammy avait donc invité Thaddée, Noureddine et Dov chez lui, à Malakoff. Un étrange chez lui, mais si discret. Pas même chez lui, mais chez Madame Tatiana, une vieille dame toute contente de lui sous-louer le premier étage de son pavillon : très bien élevé, ce monsieur Sammy, représentant en assurances de moto. Et très réservé, jamais de visites, elle avait même été surprise de le voir inviter cet après-midi-là trois collègues, représentants comme lui : « Nous ne ferons pas de bruit, Tatie, nous allons comparer nos conditions commerciales. » Il l'appelait *Tatie*, comme tout le monde dans le quartier, elle l'appelait Sammy, et ils se disaient vous. Oui, un type très correct. Et si gentil avec les cinq chats qui partageaient le rez-de-chaussée de Tatie.

Mais Tatie tendit l'oreille et entendit des éclats de voix : monsieur Sammy semblait se fâcher avec ses collègues, ils ne devaient pas être d'accord sur les conditions commerciales.

C'était arrivé au moment où Noureddine tentait de conquérir le Brésil en passant par l'Afrique, le portable de Dov avait sonné :

— Dov ? C'est Alexis. Je dois joindre Sammy, mais son portable est sur messagerie. Vous êtes avec lui ? Passez-le-moi s'il vous plaît.

Sammy avait saisi le téléphone de Dov avec une mine inquiète. Il écoutait et ne répondait que par phrases courtes, aïe, encore, oui, je m'en doutais, non, oui, bien sûr, t'inquiète, non, pas demain, après, oui, quelle heure ? Tu notes ? Place Tattegrain, devant la statue.

Il avait rendu à Dov son portable avec une tête des mauvais jours.

— C'était Alexis, il a des ennuis.

— S'il a des ennuis, c'est pas notre affaire.

Thaddée avait dit ça durement, comme s'il parlait d'un ennemi. Et Sammy l'avait sèchement rembarré : « Si, c'est notre affaire ! » Puis il était resté coi : il avait raison, Thaddée, ce n'était pas leur affaire, mais Sammy trouvait cet égoïsme insupportable.

— C'est quoi, ce type, ton Alexis ? Je ne sais pas ce qu'il fricote avec toi, mais depuis qu'il est là, nous…

Jamais Noureddine ne se serait permis de dire ça en temps normal. Mais ici, sous son toit, c'était différent. Philippe avait donc raison, il fallait qu'ils vident ce qu'ils avaient sur le cœur.

— Quoi, depuis qu'il est là ? Eh bien, allez-y, parlez…

Et Sammy écouta, catastrophé. Ainsi, les gars n'étaient plus d'accord avec ses nouvelles méthodes, ils voulaient se barrer. Un épisode pareil, ça vous flinguait un film : il ne pourrait plus faire de film exact. Il fallait les raccrocher, très vite, il fallait inventer, et Philippe n'était pas là. Sammy se tut, longuement. Les autres attendaient, inquiets, redoutant l'explosion de violence. Mais Sammy parla doucement :

— Je ne voulais pas vous en parler, c'est un peu tôt. Voilà, Alexis est un type du cinéma. Il veut faire un film sur nous, sur nous quatre. C'est pour ça qu'on essaie des casses un peu plus grand spectacle.

— Un vrai film ? demanda Noureddine. Un film qui passera au cinéma, à la télévision ?

— Oui, un vrai film, et ceux qui veulent pourront y jouer leur rôle.

Sammy se demandait s'il leur mentait, et il n'aimait pas cela. Il allait devoir infléchir quelque peu le scénario, en parler à Philippe. Il observait ses trois complices, leur joie, leur fascination mêlée de scepticisme. Dov, surtout, semblait ne pas y croire.

— Bien entendu, ajouta Sammy, le personnage

principal du film, ce sera quand même moi.

L'argument ébranla Dov : si le patron restait le patron, c'était plus sérieux. Mais il restait méfiant. Et les jeunes percevaient la méfiance de Dov, l'enthousiasme commençait à retomber. Sammy relança :

— On va tourner ça un peu à la fois, avec une première séquence très bientôt. On filmera un vrai casse, à Paris. On refera sans doute le coup de Saint-Germain-en-Laye, les faux flics et le flagrant délit de recel.

La joie d'antan fut soudain de retour. Tous retrouvèrent la bonne vieille ambiance des premiers coups, leur gaieté barbare quand ils ouvraient en riant les écrins des parures volées pour se les passer autour du cou. Et Sammy les invita à fêter ça au restaurant.

En sortant dans le jardin, Sammy, qui devisait avec Thaddée, croisa Tatie qui repiquait des aubriètes au pied du cerisier ; elle était toute mignonne avec ses chaussons jaunes, une Tatie de bande dessinée.

— Bonsoir Tatie, je rentrerai tard cette nuit.

Thaddée se retourna vers Tatie, et lui lança un sourire poli. Sammy hésita à lui préciser que ce n'était pas sa tante ; mais, n'en voyant pas la nécessité, il poursuivit la discussion.

Le soir, en quittant le métro pour se rendre chez Teen & Sullivan, Alexis était inquiet. Son coup de téléphone à Sammy n'avait pas suffi à le rassurer, il repensait à la rencontre de la nuit. Il *tentait* d'y repenser, car il l'avait vécue dans un état de fatigue qui lui laissait un souvenir flou. À cela s'était ajouté un sommeil agité, traversé par des rêves peu cinématographiques, durant lesquels Viard et Panatta lui reposaient avec insistance les mêmes questions, lui assenaient des accusations absurdes dont il ne savait se défendre. Mais ces absurdités lui semblaient plus sensées que l'interrogatoire de la nuit.

— Vous en faites une tête ! s'exclama le directeur de création en croisant Alexis dans l'entrée. Il avait toujours son air de grand cow-boy, toujours son T-shirt Marlboro – le lavait-il parfois ?

— Je suis venu voir les rushes.

— Ah, je comprends, soupira le grand cow-boy sans le moindre tact.

Clara avait dû faire circuler un compte rendu peu charitable du tournage, ce serait une journée noire. Elle sortait justement d'une salle de réunion et sembla étonnée de le voir :

— Qu'est-ce que tu fais ici ? Tu n'as pas reçu le message ? La projection des rushes, finalement, ce sera à Issy-les-Moulineaux. Tu veux qu'on t'appelle un taxi ?

— Non, je n'ai pas d'argent sur moi, je vais y aller en métro.

Alexis n'avait pas d'argent : ni sur lui, ni sur son compte en banque. Il avait dépensé le maigre pécule qu'il s'était constitué en trichant sur les notes de frais Noctissimo, il était lamentablement fauché, et ça ne s'arrangerait qu'après le paiement de sa prestation sur le film Taoaya. Il était impensable de l'avouer à Clara, elle devait avoir horreur des pauvres, elle n'en parlait jamais.

— Bon, je te prends en voiture, mais, sur la route, je vais faire un saut chez moi, je dois y laisser un médicament pour Estelle.

Elle conduisait tranquille, comme si la situation était normale. Pour la première fois depuis cinq mois, Alexis était à quelques centimètres d'elle, il pouvait sentir son odeur, regarder le grain de sa peau, presque la toucher, et cela ne la troublait pas. Elle parlait d'Estelle qui l'avait appelée en rentrant de l'école, pour lui annoncer qu'elle avait mal à la tête. Comme si cela pouvait intéresser Alexis.

— Je monte cinq minutes, dit-elle en se garant dans l'avenue André Morizet. Tu viens ?

Ils étaient face à face dans l'ascenseur, en entrant il lui avait même effleuré les seins d'un mouvement de coude, c'était comme si tout recommençait et elle s'efforçait de paraître indifférente.

L'appartement n'avait pas changé. Toujours ce léger désordre superficiel qui l'agaçait tant. Elle avait filé vers la chambre d'Estelle, et lui vers le réfrigérateur pour y prendre une bière fraîche, il avait gardé ses habitudes.

Il n'y avait pas de bière, mais une douzaine de petites bouteilles de jus de tomate, et un bocal d'olives farcies. Il resta pétrifié devant le réfrigérateur ouvert, comme il eût contemplé le lit conjugal occupé par un indélicat.

Déjà, Clara était revenue dans l'entrée :

— Non, Alexis, tu ne prends rien, on est en retard. Tu viens ?

Il lui montra l'objet du délit :

— Tu... tu *fréquentes* Sammy Raggi !

— Oui. Tu viens ?

Elle était déjà sur le palier, légère, inconsciente. Alexis la suivait en silence, cherchant ses mots. Au moment où il les trouvait, en montant dans la Golf, son portable sonna. C'était le directeur commercial de Noctissimo France, il avait une bonne nouvelle : les petites comédies musicales avaient un tel succès et faisaient tellement rire le public que, dans chaque région, des cinémas acceptaient de les passer gratuitement. On allait aussi les monter en boucle à la réception de chaque hôtel. Et comme pour mieux plonger Alexis dans son bain de honte, il le couvrait d'éloges, multipliait les anecdotes farcesques. Alexis finit par prétexter une friture insupportable sur la ligne et raccrocha. Il aurait dû en rire, mais on était déjà sur le pont d'Issy, il y avait plus urgent :

— Alors, tu fréquentes Sammy Raggi ?

— Demande-moi si je couche avec lui, ce sera plus simple. Tu y vois un inconvénient ?

Le pont était bouché, et Alexis en fut heureux, il aurait le temps d'exposer à Clara tous les inconvénients qu'il y voyait pour elle – pour *toi, Clara, seulement pour toi, moi je m'en fous* – et lui expliqua que Sammy était un vrai truand, recherché par la police, et elle répondit qu'elle le savait. Un type dangereux qui avait du sang sur les mains. Ça aussi, elle le savait. Un type qui avait des contacts avec les terroristes, les extrémistes corses. Elle haussa le sourcil. Une brute sans idéal, qui ne pensait qu'au fric, un inculte, un type tyrannique.

— Ça, non. Tu ne le connais pas.

Non, Alexis ne connaissait pas Sammy, pas assez pour l'imaginer dans un lit avec Clara. Il n'en était pas furieux, simplement choqué. Vexé de ne jamais l'avoir envisagé.

Clara s'emporta calmement :

— Tu ne peux rien comprendre à un type comme lui. La grande différence avec toi, c'est qu'il donne. Toi, t'es toujours là à prendre le maximum à tout le monde, même quand il s'agit d'affection. Quand tu donnes, c'est pour mieux prendre. Lui, il ne mégote rien, il donne et il prend ce qu'on lui donne. C'est pour ça qu'on lui donne beaucoup.

Ils arrivaient près de Corentin Celton, où l'on avançait au pas. Et Clara s'échauffa : Sammy était au moins aussi cultivé qu'Alexis, la différence, c'était que Sammy, lui, il en discutait, il ne se contentait pas de jeter des auteurs à la gueule de l'autre. Quand Sammy allait au concert, il n'avait pas honte de déballer ses émotions, pas comme Alexis qui prenait sa tête de mystique inspiré à la sortie. Sammy s'intéressait à elle, à sa vie, à sa fille, il lui en parlait au lieu de causer boulot.

— Il donne, tu comprends ? Non, bien sûr, tu ne peux pas comprendre.

Alexis se tut, effondré : Clara ne se contentait pas de coucher avec Sammy, elle était amoureuse. Amoureuse au point de faire à Alexis des reproches aussi injustes.

23. Les Misérables

Alexis avait entendu dire qu'il y a dans la publicité des moments de grâce, où tout est merveilleux, où la beauté crée l'effusion. Et ce moment lui tomba dessus, sans prévenir. Les créatifs sortaient du visionnage avec Léo Lebail et reconnaissaient qu'il y avait là quelque chose, ce film ne ressemblait à rien. Léo était moins réservé :

— Cette petite, c'est une bombe. Elle va empêcher plein d'ados de dormir.

Alexis et Clara demandèrent que l'on repasse les rushes. Clara reconnut que le film était peut-être rustique, mais très cohérent.

Alexis, lui, ne disait rien. Il visionnait et revisionnait. Ces plans, ces regards, ces cadrages, tout était univoque, c'était tout ce qu'il détestait au cinéma. Mais ça marchait. Ses repères s'effondraient, et lui aussi.

Léo téléphonait déjà à son directeur des ventes :

— Ça va faire un tabac. Pour le prochain congrès de la force de vente Taoaya, j'ai une grande idée. On va faire jouer l'actrice sur l'estrade, en *live*. Les meilleurs vendeurs auront le droit de monter sur scène en paréo et de jouer le rôle du mari ! La petite ? T'occupe, j'en fais mon affaire.

Léo proposa à Alexis de le raccompagner jusqu'au métro : il faisait hurler le lecteur de CD de son 4x4 Mercedes, et suivait le rythme en donnant des coups de volant. C'était ainsi qu'il devait concevoir le bonheur.

Au moment où Alexis descendait, Léo lui jeta un sourire complice :

— Bravo, mon vieux. Avec votre air de ne pas y toucher, vous comprenez ce qu'est le corps d'une femme. Vous savez pourquoi les gonzesses vont adorer ce film ? C'est parce qu'il sent bon le macho. Enfin, elles vont se voir montrées par un mec, un vrai, couillu : depuis le temps qu'elles en rêvent, les pauvres !

Alexis esquissa un clin d'œil de vrai mec. Léo le rappela d'un petit mouvement de la main et lui dit à voix basse :

— Dites, pour Beverley, désolé, je ne savais pas. Elle m'a dit ça après.

— Oh, c'était juste un petit coup de temps en temps.

Et il s'engouffra virilement dans la béance du métro. En arrivant à la Bastille, il s'arrêta dans un bazar et y acheta une valise de grande taille, oui, la mauve, là, très bien. Il fallait ça pour y ranger tout ce qui, chez lui, avait été laissé par Clara. Sous-vêtements, produits de toilette, livres, bagatelles et bricoles, il ne pouvait plus en supporter la présence, le parfum. Ce fut l'affaire d'une demi-heure. Quand il eut fini, il ajouta la bouteille intacte de liqueur de châtaigne, puis le stylo en argent gravé au nom de Sammy. Il remplit l'étiquette « Madame Deneyrac » et compléta l'adresse. Il ferait porter ça bientôt par un taxi. C'était fini, il n'y avait plus de Clara, il était guéri. Son seul regret, c'était qu'elle pût être heureuse avec Sammy.

Quand Alexis arriva place Tattegrain, il pleuvait. Une pluie de matin d'avril, drue et froide, et Sammy était en retard. C'était un rendez-vous idiot, il y avait là toute la gaminerie du truand : la place Tattegrain était celle qui faisait l'angle entre Henri Martin et Victor Hugo. Et la statue, c'était bien sûr celle de Victor Hugo, l'Enfant du siècle. Non, les *Confessions d'un enfant du siècle*, ce n'était pas de Victor Hugo. Rousseau, plutôt, Alexis ne savait plus, il fallait faire attention, maintenant, Sammy risquait de le reprendre, il avait peut-être lu cette page du bouquin jaune.

Sammy déboucha enfin, abrité sous un immense parapluie :

— Excuse-moi, Alexis, je me suis arrêté pour acheter ça, on sera plus à l'aise pour discuter là-dessous.

Il avait dit ces mots d'un air tendre, presque amoureux. Ils remontèrent l'avenue Victor Hugo, épaule contre épaule. Sammy en manteau noir, costume gris perle, et Alexis en jeans, bottes courtes et parka. Les passants se retournaient : ils n'allaient pas ensemble ces deux-là. Bien sûr qu'ils n'allaient pas ensemble, c'était évident, il n'aurait jamais dû commencer.

— Alors, Alexis ?

Alexis lui relata la visite des deux flics, en version édulcorée : ils avaient découvert qu'il voyait parfois Sammy, qu'ils se téléphonaient, ils voulaient savoir pourquoi. Et Alexis leur avait dit que Sammy le collait, l'envahissait, le harcelait, l'asticotait, l'empoisonnait, car il voulait faire du cinéma. Alexis chercha d'autres verbes plus offensants, mais n'en trouva pas.

— C'est tout ? s'étonna Sammy.

— Oui, c'est tout.

Alexis était aux anges, il découvrait les frissons du métier d'agent double. Sammy marchait silencieusement, remuant les mâchoires comme s'il mastiquait la nouvelle fraîche. Deux minutes plus tard, il la recracha :

— Bon, si ce n'est que ça, qu'est-ce qui change ? Il faudra simplement être plus prudents pour nos rendez-vous. Ça tombe bien, j'ai changé de téléphone ce matin.

Il pleuvait de plus en plus fort. Les bottes d'Alexis commençaient à prendre l'eau, ses chaussettes étaient humides, surtout du côté droit, où la semelle était trouée. Il observa les chaussures Richelieu de Sammy, impeccablement cirées, l'eau semblait glisser dessus. Voilà, c'était comme ça avec Sammy, quand ils cheminaient ensemble, les ennuis, c'était toujours pour Alexis. Il fallait quand même que Sammy ait sa part d'ennuis :

— Tu sais, j'ai réfléchi, pour ton scénario...

— Ne t'embête pas avec ça, Philippe revient bientôt de Californie, ça peut attendre.

— Non, non. J'ai repensé à ton histoire. Finalement, ce serait très bien si le héros prenait contact avec un mouvement politique, un petit truc violent qui créerait un engrenage. Des Corses très corses, ce serait parfait.

Alexis avait hésité à dire *Momo*, il avait dit *le héros*, il n'osait pas dire *toi* ou *Sammy*, il avait honte du plaisir malsain qu'il sentait monter en lui, celui de jouer à infléchir la trajectoire des autres, comme à Rome, avec Langevin et Pénélope. Mais là, c'était plus excitant, plus dangereux : cette trajectoire menait droit dans le mur. Et c'était avec un ami – enfin, un peu moins depuis qu'il couchait avec Clara. Une idée encore plus excitante lui vint à l'esprit :

— À propos, j'ai réfléchi aussi pour l'histoire de la femme du héros, la femme décalée. Je pense qu'une fille de milieu intellectuel ou business, c'est bien au début, mais ensuite, ce ne sera pas assez. Trop évident, trop facile, ça manquera de contraste. Le héros devrait ouvrir les yeux et partir vers une fille plus inaccessible.

— Quoi, par exemple ?

Alexis repensa à *Crime et Châtiment* et afficha un doux sourire de pope :

— L'idéal, ce serait que le héros tombe amoureux

d'une femme très croyante, qu'il la séduise, qu'elle le remette dans le droit chemin. Il doit quitter la première femme pour partir vers la seconde ; ça peut se faire progressivement, ça serait très fort. Non ?

Non, pas du tout, pensa Sammy. Mais il ne voulait pas froisser Alexis, il avait un tel service à lui demander. Il lâcha un « Bon, je vais réfléchir. Pourquoi pas… » et ajouta très vite : « Je ne suis pas emballé. »

La pluie avait cessé, et Sammy y vit un signe : il replia le parapluie et parla à Alexis, droit dans les yeux.

— J'ai un grand service à te demander.

Alexis l'écoutait, ombrageux, il ne voyait pas où Sammy voulait en venir : ah, les gars lui avaient avoué qu'ils en avaient leur claque de tout ce cinéma, et il leur avait répondu que justement ce serait du cinéma et ils avaient répondu qu'au cinéma on croyait ce qu'on voyait… et alors ?

— Alors je leur ai annoncé que…

Et Sammy déballa son projet, presque timidement. Il voyait qu'Alexis reculait, lentement. Il allait s'échapper, comme d'habitude.

— Tu comprends, Alexis, tu ne participerais pas au casse, tu le filmerais, c'est tout, pour qu'ils voient…

— Pas question. Tu te rends compte des risques que tu me fais prendre ?

— Des risques ! Et toi, alors ? Tu m'envoies droit au casse-pipe !

— Qu'est-ce que t'en sais ?

— J'ai déjà eu des débuts de contacts avec Revoluzione Corsa, mais c'est resté en plan. Tu sais ce que c'est ?

Alexis respira longuement. On y était.

— Oui, je les connais de nom, Sammy. Pour le film, ce serait idéal.

Il répéta, avec une grave sincérité qui lui fit peur :

— Risqué, bien sûr, mais idéal...

Il hésitait encore, l'ouverture était là, béante, mais il hésitait à s'y engouffrer. Ce fut Sammy qui l'y précipita :

— Pour le tournage du casse, si c'est vraiment impossible pour toi, je peux demander à Philippe. Lui aussi, il fait de la réalisation. L'ennui, c'est que je devrais tout lui expliquer, mais...

— Philippe ! Tu ne vas pas confier ça à Philippe ! Ce n'est qu'un scénariste.

Il ne fallait pas laisser l'ouverture se refermer, il fallait plonger, très vite. Il regarda Sammy avec toute l'amitié dont il était encore capable :

— On va chacun se faire une faveur. Chacun va prendre ses risques : tu relances Revoluzione Corsa, tu montes n'importe quoi avec eux, ce que tu veux, et moi, je te tourne ton casse.

Sammy le prit dans ses bras et l'embrassa. Alexis en fut gêné, il se demanda si c'était le baiser de la mort, ce truc qu'on voyait dans les films de la mafia. Mais non, Sammy était détendu, heureux. Cela se faisait peut-être, de s'embrasser ainsi dans le milieu, et Sammy s'était laissé aller. Alexis pensa soudain que Sammy faisait de gros efforts, quand ils se voyaient, pour ne pas paraître trop truand : il parlait presque normalement, il n'avait pas de gestes grossiers. *Moi, Alexis Pirief, j'ai apprivoisé un malfrat, un dur de dur.*

Il se demanda comment ça se passait avec Clara et gloussa en son for : il imaginait Clara apprenant à parler l'argot du milieu, à fréquenter les bars louches. Clara faisant l'amour comme une pute moldave. C'était burlesque.

— Tu me diras ce qu'il faut acheter pour ton tournage, demanda Sammy. C'est drôle, hein, voilà que je deviens vraiment ton producteur.

— Je te ferai la liste des courses. Il me faudra aussi un assistant. Vu ce qu'on va tourner, je ne peux pas en chercher un normal. Trouve-moi un gars de ton milieu, débrouillard et discret. Un jeune qui aime le cinéma.

— C'est noté, je t'achèterai aussi l'assistant.

Ils étaient maintenant arrivés à l'Étoile. Alexis fit un geste de la main :

— Je te laisse là, le métro est direct pour la Bastille.

— Non, redescends avec moi jusqu'à la statue ; je te raccompagnerai à moto. Je voudrais encore te parler

— De quoi ?

— De Victor Hugo.

Et la pluie se remit à tomber.

— J'ai commencé *Les Misérables*, tu avais raison, c'est très bien. Jean Valjean, c'est un sacré bonhomme.

— Un sacré bonhomme, soupira Alexis – il pensait à Jean Gabin, à Harry Baur, *de sacrés bonshommes.*

— Il y a quand même des trucs qui ne vont pas, dans l'histoire. On voit trop que Victor Hugo ne connaît pas le milieu.

— Oui, oui – *il y avait aussi Lino Ventura, et Depardieu, bien sûr.*

— Un Jean Valjean normal, il ne se serait jamais dénoncé. Pourquoi il fait ça, hein ?

— Oui, oui – *et qui d'autre... Gino Cervi, bien sûr. Et Gabriel Gabrio.*

D'autres noms revenaient à la mémoire d'Alexis, *Frederic March, Henri Krauss. Il y avait aussi l'autre, dans la version de Bluwal, ah oui, Jean Geret. Et même le Japonais, Sessue Hayakawa. Sans compter les Américains et le Mexicain.* Sa propre culture l'impressionnait.

— Quoi, oui, oui ? Je t'ai demandé pourquoi il se dénonce ?

— Il se dénonce ? – Alexis ne voyait pas de passage où Valjean se dénonce, on avait dû sabrer ça dans les adaptations.

Sammy lui décrivit la tempête sous un crâne, le procès d'Arras, Jean Valjean qui renonce à son personnage de monsieur Madeleine. Tout cela d'un ton surpris.

— Ah oui, bien sûr, mais pour moi, ce n'est pas Jean Valjean qui se dénonce, c'est monsieur Madeleine, on s'était mal compris.

— Il ne devait pas se dénoncer. Une lettre aurait suffi. Et quand il arrête Javert sur les barricades, il devrait le tuer, il aurait dû le tuer depuis le début. Si j'avais été Jean Valjean, l'histoire aurait été très différente. Toi, comment t'aurais réagi ?

— Je n'ai pas lu le livre depuis longtemps, il faut que je le reprenne, on pourra en discuter de façon plus pointue. D'accord ?

Un peu plus tard, tandis qu'Alexis descendait les Champs-Élysées à l'arrière de la moto de Sammy, il pensa que l'idée du malfrat était excellente. Une adaptation des *Misérables* avec focalisation sur un Jean Valjean revisité, plus vengeur. Un Jean Valjean qui pourrait être un immigré, un Turc, par exemple. Il y avait de quoi faire une forte adaptation télévisée, il allait travailler sur le scénario. Sammy aurait des idées intéressantes.

Il rentra chez lui en chantant, heureux. Il n'éprouvait pas cette impression d'échec qui concluait habituellement chacun de ses rendez-vous avec Sammy. Jamais le malfrat ne s'était livré à lui avec un tel abandon ; il lui avait confié sa vie professionnelle, sentimentale, culturelle. Jamais Alexis ne s'était joué de Sammy à tel point, il l'avait manipulé, presque trahi. Et pourtant jamais Alexis ne s'était senti si proche de cet étrange sentiment qu'il fallait bien appeler amitié.

Le lendemain, il acheta *Les Misérables*. La version en quatre-vingts pages, résumé, personnages, collection *Profil*. L'intégrale, il la lirait plus tard.

24. Film d'amateur

C'était le jour de la mécanique. Ces jours-là, ils se retrouvaient tous les quatre à Saint-Ouen, devant l'atelier que louait Sammy, et ils l'ouvraient comme un coffre à jouets : à l'intérieur les attendait leur collection de motos – Sammy préférait dire leur écurie. On passait des deux Honda GoldWing aux deux Yamaha 850, on revenait aux deux petites Kawasaki 125, on s'attardait sur les deux BMW 650. On démontait, on réglait, on s'amusait. C'était le meilleur moment de la vie en bande.

Et Sammy se demandait parfois s'il ne serait pas plus sage de s'offrir juste un petit casse tout simple, à l'occasion, et de partir le reste du temps pour de longues virées, genre *Hell's Angels*. Comme avant. Comme avant le film, comme avant Alexis, comme avant toute cette histoire. Mais il y avait aussi eu Clara. Et Victor Hugo. Et le film.

Il chassa l'affreuse nostalgie et demanda à ses hommes s'ils avaient pu trouver un jeune un peu mordu de cinéma.

— J'en ai un qui pourrait aller, répondit Thaddée. Un copain de copain. Il fait des études de technicien de cinéma. Il bégaie un peu, ça gêne ?

— Pas forcément, je demanderai à Alexis. C'est un type correct ?

— Un Corse, un Corse de Corte.

— Comment il s'appelle ?

— Augustin Rutali.

Sammy, qui réglait le ralenti de la BMW, resta le tournevis en l'air.

— Rutali ? Un Rutali de Corte ? Un parent de José Rutali ?

— C'est son neveu. C'est même son filleul.

La phrase lui effleura l'oreille, aussi belle et douce qu'un chant polyphonique. Sammy avait cherché, depuis des jours, à joindre les dirigeants de Revoluzione Corsa, planqués derrière leurs remparts de corsitude, d'anonymat et d'omertà. Et voilà qu'on lui apportait sur un plateau le contact au sommet avec José Rutali, l'intellectuel du groupuscule, l'homme qui en tirait les ficelles, l'homme-façade aux mains si propres qu'une paire de menottes y eût paru indécente.

— Il va m'aller, affirma Sammy. Il ira encore mieux à Alexis.

Alexis passait de folles journées depuis que Beverley l'avait appelé :

— On n'est pas fâchés, mon Aliocha ?

Elle avait appris dans un roman-photo que le diminutif russe d'Alexis était Aliocha, et semblait heureuse de lui offrir cette petite familiarité en cadeau d'adieu. Elle ne comprenait pas que le plus beau cadeau d'adieu, c'était cet adieu. Il émit un grondement poli.

— Tu ne te sens pas trop seul sans moi ?

Le grondement fut moins poli, plus proche de celui de l'ours.

— Je vais t'envoyer des copines. Tu pourras faire pour elles ce que t'as fait pour moi, leur trouver des castings ? Tu verras selon, mon Aliocha !

Son Aliocha ne dit pas non. Il n'aimait pas dire non à ce qui était facile, surtout les filles. Il avait donc reçu Suzy, Josepha et Margarita. Toutes trois lui avaient proposé de jouer rien que pour lui le plan de la baignoire Taoaya, ce devait être Beverley qui leur avait donné le conseil. Il avait fait pour elles ce qu'il avait fait pour elle, puis il leur avait promis de les glisser à l'occasion dans un casting, promis promis. Il ne leur en fallait pas plus. À lui non plus. Alexis reprenait goût à la vie.

Il hésitait parfois à appeler le commissaire, mais il retardait l'échéance. La situation était si amusante, le tournage si prometteur. Et, dès qu'il aurait plaqué Clara, Sammy allait redevenir un vrai ami, amusant à mentionner. L'heure du triomphe approchait, il ne fallait pas tout gâcher. Il préviendrait Viard plus tard, après le tournage, il trouverait bien une excuse ; il aimait bien être agent double, mais il ne voulait trahir personne.

Alexis avait envoyé Augustin Rutali s'occuper des repérages pour le casse. Augustin avait déniché un petit joaillier rue Caulaincourt, à deux pas de la

Femis. Presque un retour aux sources. Il y voyait quelque signe mystérieux et prometteur.

Il était bien, cet Augustin. Grand, maigre et poli. Silencieux, corse. D'autant plus silencieux qu'il semblait vouloir dissimuler son bégaiement, qui restait modéré tant qu'on ne le brusquait pas. Alexis n'avait à son sujet qu'une seule inquiétude : Augustin lui avait lâché avec un sourire candide : « J'ai vu *Zoubeida l'Africaine*, c'était très bien. » Jean-Guy Lemarin, Sammy, Babacar Diop, le commissaire Viard, pourquoi tous ceux qui avaient beaucoup aimé *Zoubeida* ne lui valaient-ils que des ennuis ?

Pendant ce temps, le film Taoaya cheminait à petits pas vers la gloire. Le grand cow-boy Marlboro avait lancé le mouvement : à chaque étape, ils étaient plus nombreux à venir en salle de projection, à rappeler leur contribution décisive. Plus nombreux aussi à saluer Alexis comme un vieil ami. Le président de l'agence était venu lui serrer la main, l'avait appelé « mon cher Stirief ».

À la demande de Léo Lebail, Alexis était venu présenter son film au congrès des commerciaux Taoaya. La salle était comble, attentive ; Alexis expliqua tout ce qu'il avait voulu mettre dans ce film, la chaleur des tropiques, la réhabilitation de la relation hétérosexuelle, le culte de l'hédonisme, la projection du en-soi dans le hors-soi d'autrui, et les performances du nouveau packaging avec prise en main pour gauchères. La standing ovation dura cinq minutes. Et Alexis pensa que ce serait la seule fois de sa vie où un de ses films recevrait la consécration d'une salle pleine à craquer.

Quelques jours plus tard, il invita Sammy dans un café de la Bastille pour préparer le tournage du casse. Il avait apporté les photos de repérage, le plan du quartier, mais Sammy les regarda à peine, il semblait soucieux :

— Tu sais, Alexis, j'ai vu ton film, pour le bain moussant. Clara m'a passé le DVD.

— Tu as aimé ?

— Je ne dis pas que c'est moche, mais c'est très différent de ta *Zoubeida*. Dans *Zoubeida*, tu filmais très légèrement des choses exactes.

— Oui, c'était un film impressionniste.

— Ah, c'est comme ça qu'on dit ? Eh bien, dans Taoaya, c'est tout le contraire, tu filmes très lourdement des choses fausses, aucune femme ne parle comme ça. Pas du tout impressionniste, on devrait appeler ça expressionniste pour bien faire. Et même hyper hyperexpressionniste.

Sammy avait trouvé le mot, encore une fois ! Alexis n'avait pas fait cette fois-ci un film exact, il avait inventé le film *hyperexpressionniste*, c'était magnifique. Mais Sammy ne semblait pas vouloir s'arrêter sur sa trouvaille, il poursuivait :

— Le film du casse que tu vas faire, ce sera façon *Zoubeida*, ou façon Taoaya ?

Il fallait vite répondre, n'importe quoi, l'important était de montrer qu'il y avait réfléchi :

— Je commencerai en hyperexpressionniste les plans larges, puis je zoomerai pour finir sur les plans serrés en impressionniste.

— Pourquoi, tu veux que le début, ça fasse faux ?

— Oui, comme ça la suite fera encore plus vraie, par contraste.

Sammy fixa Alexis dans les yeux, le regard plein d'une terrible confiance.

— Je t'ai choisi, Alexis : le cinéma, c'est ton métier, ta vie. Mais n'oublie pas, si le film est foiré, c'est ma vie à moi qui est foirée.

— Je ne pense qu'à ça, le rassura Alexis. Il faut que je file.

Il le fallait. Alexis venait de se souvenir qu'il devait recevoir une certaine Joyce, envoyée par Beverley.

— Mais on devait se parler de Victor Hugo.

— Désolé, j'ai une urgence.

Un peu plus tard, quand Joyce sonna, Alexis eut une bouffée de fol et bête espoir : peut-être serait-ce Sammy, venu poursuivre la conversation ? Mais non, c'était bien Joyce et ses émois programmés.

Le lendemain, Alexis mentionna négligemment le concept d'hyperexpressionnisme en parlant au cow-boy Marlboro, et celui-ci en fut transporté : c'était *ça* qu'il cherchait depuis des mois, une philosophie esthétique, une matrice fondatrice des créations de l'agence. Toutes les créations que produirait Teen & Sullivan porteraient désormais la marque de l'hyperexpressionnisme. Il publia un article sur le sujet la semaine suivante dans *Communication & Strategy*.

Le directeur des études mena une recherche sur abaques qui prouva que plus les films concurrents étaient nuls, plus le film hyperexpressionniste était performant : l'hyperexpressionnisme était la clé d'accès au cerveau reptilien de la ménagère.

Le patron de Teen & Sullivan annonça l'idée aux journées d'études de la communication : les temps étaient mûrs pour une nouvelle communication cha-ro-gnar-de, qui pillerait avant les autres les reliefs d'attention abandonnés par les films concurrents trop timorés, une publicité hyperexpressionniste, spécialité bien connue de l'agence Teen & Sullivan.

Quelques jours plus tard, quand la publicité Taoaya sortit pour la première fois sur les écrans, elle était célèbre avant même le pack-shot final. La France allait-elle assister à l'émergence d'un nouveau style de pub ? On commençait à parler d'Alexis ; il lui semblait qu'une certaine renommée s'était posée sur son épaule, y imprimant de ses serres une marque infamante. Marlboro l'informa qu'il avait eu des échos du jury des grands prix du Club des directeurs artistiques : ses comédies musicales Noctissimo allaient recevoir un prix spécial du film burlesque.

Il ne fallait plus y penser, le lendemain devait avoir lieu le tournage du casse.

Augustin gara la voiture de location à 9 heures rue Caulaincourt, aida Alexis à en sortir le matériel, puis à installer la caméra sur le trottoir central, face à la petite bijouterie : elle était parfaite, avec son air vieillot. La lumière était voilée par de gros nuages de fin mai, ce serait une belle séquence. Augustin ne posait pas de questions, il écoutait les explications que lui donnait Alexis, allait chercher les cafés au bistrot voisin, c'était un excellent assistant. Le joaillier venait d'entrer, il relevait les rideaux de fer. Alexis avait réglé son cadre, la lumière était douce, joli contraste avec la situation. Il restait une petite demi-heure à attendre, les deux motos devaient arriver à dix heures très précises.

« Il reste une demi-heure, faut y aller ! », lança Sammy en posant sur ses hommes un regard tendre : ils s'étaient mis en peine pour le tournage, mués en très beaux flics, aussi impeccables que leurs uniformes. Ils enfilèrent tous les quatre d'amples coupe-vent qui les couvraient jusqu'à mi-cuisse, et confièrent leurs casquettes à Dov qui les fourra dans son sac à dos. Thaddée mit en marche sa GoldWing, Noureddine chercha dans sa poche droite la clé de la sienne, fouilla dans la gauche.

— La clé, ce n'est pas toi qui l'as ? demanda-t-il à Sammy.

Chacun explora ses poches, mais on en était sûr, la clé, c'était Noureddine qui devait l'avoir. Sans s'énerver, celui-ci ôta sa cape, vérifia toutes les poches de son uniforme de flic. Il décrocha ensuite les vêtements qu'il avait portés avant d'endosser l'uniforme, puis secoua la tête :

— Non, je ne l'ai pas.

Sammy regarda sa montre :

— On prend les BMW, ce sera bien aussi.

Ils fermèrent le garage sans voir la petite clé posée sur l'établi, à côté des outils, et partirent en hâte vers la porte de Clignancourt. Sammy était sombre. Il n'aimait pas les retards, et on avait enfreint le rituel : les BMW, on ne les sortait que pour les balades. La pluie commença à tomber.

« C'est agaçant, cette pluie, ce n'était pas prévu par la météo », soupira Alexis. Il n'aimait pas ça, il n'y avait jamais de pluie dans ses films.

— C'est gênant ? demanda Augustin.

— Pour l'image, non, ça créera de la tension. Mais pour l'objectif, oui. Je ne voudrais pas qu'il y ait des gouttes dessus.

Il regarda sa montre : 9 h 50. Il avait encore le temps.

— Il y a un bazar juste après le carrefour, rue Custine. File acheter un parapluie, le plus grand possible.

Il y avait un embouteillage à l'angle des rues Championnet et Ordener : une moto, une grosse BMW, avait calé et ne redémarrait pas. Le pilote était descendu avec son passager, et tentait de la relancer au kick. Une autre BMW attendait à son côté et refusait de se ranger.

Alexis ignorait que le gérant du bazar était consciencieux : des produits anti-insectes, il y en avait plusieurs, il fallait tous les montrer à la vieille cliente qui lui en réclamait un. Augustin, gêné par son bégaiement, n'osait pas interrompre : il attendait poliment pour payer son parapluie.

Une jeune policière, accompagnée d'un stagiaire, descendait la rue Caulaincourt. Elle s'approcha d'Alexis :

— Vous avez une autorisation de tournage ?

Elle ne semblait pas méchante, elle voulait juste voir son autorisation de tournage sur la voie publique : tout professionnel devait préalablement la demander, elle venait de l'expliquer au stagiaire.

— Une autorisation ? Mais je ne suis pas professionnel, je ne suis qu'un amateur, je filme la rue.

Elle regarda avec suspicion la caméra qu'Alexis portait à l'épaule :

— C'est du très beau matériel, pour un amateur.

— Chacun ses passions. Moi, je mets toutes mes économies là-dedans. Je suis amateur, vous voyez bien, il n'y a pas d'acteurs.

La jeune femme hocha la tête :

— Excusez-moi, j'avais cru.

Babacar Diop sortait ce matin-là de la Femis avec quelques autres étudiants. En débouchant de la rue Nobel, il reconnut Alexis et, tout heureux de se valoriser devant ses amis, se dirigea vers le réalisateur :

— Ah, ça fait plaisir de vous revoir ! Qu'est-ce que vous tournez là ? C'est pour la pub ?

Le petit groupe d'étudiants les rejoignit.

— C'est très beau, très pro, ce que vous faites, dit l'un d'eux.

Les jeunes flics écoutaient, très intéressés. Et une étudiante ajouta :

— Nous avons tous aimé votre long métrage, *Zoubeida l'Africaine.*

Alexis soubresauta : les ennuis n'allaient plus tarder. Forcément.

— Alors, monsieur l'amateur, cette autorisation de tournage... demanda la jeune femme flic.

25. Fin de tournage

Sammy se sentait coupable : la BMW qui ne démarrait pas, c'était celle qu'il avait réglée quelques jours plus tôt. Elle repartit enfin, mais il était 10 h 05. Les retards lui avaient toujours fait horreur.

Les jeunes flics avaient peur. Tout allait décidément trop vite : le type à la caméra n'avait pas d'autorisation de tournage, mais semblait réticent à décamper. Il était soutenu par les étudiants qui prenaient les deux flics à partie, les traitaient de censeurs, les houspillaient. Les cris furent bientôt ponctués de violents aboiements : des zonards qui traînaient dans le coin les avaient rejoints, avec deux dobermans qu'ils tenaient en laisse. Non pour les retenir, mais pour les guider à travers l'attroupement ; ces chiens-là n'aimaient pas les flics, encore fallait-il qu'ils puissent les voir.

De sa fenêtre, un retraité observa l'algarade puis rentra dans son appartement : il n'était plus temps de regarder, mais d'appeler illico le commissariat de la rue Marcadet, venez vite, c'est en train de mal tourner.

Ils arrivèrent quelques minutes plus tard. Et dans la même minute, Alexis, qui venait de se dégager de la mêlée, vit arriver : la voiture de police qui avait déclenché sa sirène, puis Augustin qui apportait le grand parapluie, puis les deux motos BMW qui s'arrêtèrent au carrefour.

Il regretta longtemps de ne pas avoir filmé la scène, tant la complexité de ses plans était impeccablement enchaînée.

Il vit Augustin qui, découvrant l'attroupement en face de la joaillerie et les flics qui arrivaient en force, reculait vers la rue du Mont-Cenis pour analyser la situation et décider de la conduite à adopter.

Il vit arriver Noureddine et Sammy sur la moto. Sammy qui, apercevant Augustin en retrait, pointait vers lui un doigt accusateur en hurlant à son encontre des propos qui semblaient peu amènes.

Il vit Augustin qui fuyait, affolé, vers les interminables escaliers de la rue du Mont-Cenis.

Il vit Sammy qui avait pris la moto et envoyait Noureddine à la poursuite d'Augustin. Noureddine courait vite, mais moins qu'Augustin.

Il vit la moto de Sammy faire demi-tour et tourner à l'angle de la rue Saint-Vincent. Alexis, qui avait passé ses années d'étudiant dans ce quartier, en connaissait chaque rue : il comprit que Sammy allait tenter d'intercepter Augustin dans le plat du palier, au milieu des escaliers.

Il vit Thaddée et Dov qui, sur l'autre moto, tournaient rue Lamarck comme pour rejoindre la place du Tertre. Ils allaient évidemment prendre la petite rue Saint-Éleuthère pour bloquer Augustin en haut des escaliers.

Il vit enfin ce qu'il lui restait à faire : il sortit son portable pour appeler Sammy et lui annoncer l'annulation du tournage. Et comme Sammy ne répondait pas, Alexis appela Dov.

— Et alors, qu'est-ce qui s'est passé ?

C'était une réunion informelle, pas prévue par le Code. Le juge et le commissaire n'en avaient que faire, l'heure n'était pas aux procédures.

— Je n'étais pas là, je vous l'ai dit. Mais j'ai recueilli les témoignages des jeunes policiers, des passants, suffisamment pour tout reconstituer. C'est comme si j'y avais été.

Viard commença à griffonner un plan des lieux. Le juge eut un petit geste circulaire de la main, allez, allez mon vieux.

— La moto de Sammy Raggi était restée bloquée quelques minutes plus tôt au carrefour voisin. Quand Raggi arrive et découvre l'attroupement autour de la joaillerie, puis le car de police qui surgit, il croit à un guet-apens miraculeusement évité, grâce à ce retard. Il voit le jeune Rutali, caché à l'écart, qui observe, et en déduit que c'est lui qui a trahi. Il le traite de balance, lui hurle des menaces, et le jeune Rutali, terrifié, s'enfuit.

— Quel dommage ! soupira le juge. C'était tellement bien, le jeune Rutali travaillant avec Raggi et sa bande, ce n'était pas son oncle, mais presque. Et ensuite ?

— Augustin Rutali remonte en courant le long escalier de la rue du Mont Saint-Denis, passe sur la partie plate à hauteur de la rue Saint-Vincent avant que la moto de Raggi n'y arrive. Et Zahoud est loin derrière.

— Zahoud ?

— Noureddine Zahoud, le Tunisien qui bosse avec Raggi. Rutali continue, il va atteindre le haut des escaliers, mais il y voit surgir la moto de Dov Benichou et Thaddée Rossi. Il redescend, tourne au premier palier dans la rue Saint-Vincent pour éviter Zahoud qui bloque la descente, et tombe sur une moto, celle de Raggi qui met pied à terre. Rutali recule, car une moto, celle de Raggi a sorti un revolver et le menace. Zahoud bloque la partie inférieure de l'escalier.

— Et alors ?

— Dov Benichou reçoit un appel de Pirief qui lui fait part du contretemps. Dov crie quelques mots à Sammy Raggi qui n'entend pas, car lui-même est en train de hurler à l'adresse de Rutali qui, paniqué, bégaie trop pour pouvoir s'expliquer. Dov envoie Thaddée Rossi pour calmer Raggi et lui expliquer la situation.

— Il hurle quoi, Sammy Raggi ?

— Je vous le dirai après, monsieur le juge. Thaddée Rossi arrive au moment où Raggi va tirer, il s'interpose, tente de parler à Raggi qui ne veut plus rien écouter. Fou furieux, il tire sur le jeune Rossi qui s'écroule, une balle dans la poitrine. Il tire à nouveau sur Augustin Rutali, deux balles : une dans le cœur, l'autre entre les deux yeux. Et c'est fini.

— Quel gâchis, quel gâchis absurde !

— C'est exactement ce qu'a conclu Dov Benichou en haut des escaliers, aux dires des témoins.

— Et résultat des courses ?

— Augustin Rutali, mort. Thaddée Rossi reparti en ambulance, assez vivant pour parler, mais plus pour longtemps. Sammy Raggi et Dov Benichou repartis, chacun sur sa moto. Noureddine Zahoud reparti par le métro. Et Alexis Pirief reparti tranquillement à pied, en disant aux flics que, dans ces conditions, il renonçait à tourner. Celui-là, il a du souci à se faire.

— Nous aussi, commissaire. Qui sait ? Ce Pirief pourrait inventer des histoires rocambolesques de service demandé, donnant-donnant, des conneries, bien sûr, mais les médias en feraient leurs choux gras.

Le commissaire semblait ailleurs, faisant tourner sa cuiller dans son café qu'il avait oublié de sucrer.

— Et vous ne m'avez toujours pas dit, reprit le juge. Sammy Raggi, qu'est-ce qu'il hurlait donc à Rutali ?

— Il hurlait : « Le film de ma vie ! Tu m'as foutu mon film en l'air ! »

— C'est vrai que c'était le film de sa vie, à Raggi : son casse filmé en direct par un vrai pro du cinéma qui n'attendait que lui devant la bijouterie.

— C'est peut-être plus que ça, monsieur le juge.

Et le commissaire Viard se leva. Il ne voulait plus

rien expliquer. C'était trop compliqué, même pour lui.

— Vous partez ? demanda le juge, un peu déçu.

Il serait volontiers resté à écouter le commissaire : il aimait tellement les histoires de gangsters.

— Je vais avoir du travail. Demain, tout le reste de la bande finira à la morgue. Vous croyez que l'oncle Rutali va solder comme ça l'assassinat de son filleul ? Ah, vous vouliez des accointances entre Revoluzione Corsa et le milieu, eh bien, vous en aurez ! Dans quelques heures, tout ce qui est corse dans le milieu va chasser le Raggi et ses potes.

Le juge lança au commissaire un regard coquin :

— Restez, restez, vous n'avez même pas pris votre café. Vous savez, votre Pirief, qui était si ami avec Raggi, ce serait peut-être mieux que vous ne le retrouviez pas trop vite. Je me demande même si, par un heureux hasard, les copains de Rutali ne vont pas retrouver Pirief avant nous.

Le commissaire but son café sans répondre, et fit la grimace comme s'il était trop amer. Le juge comprit qu'il ne fallait pas aller plus loin : il avait soufflé l'idée, c'était suffisant.

— Enfin, je dis ça comme ça…

Le commissaire se frotta les yeux pour en effacer une image déplaisante, et s'en fut, en laissant la petite note au juge. La grosse note, ils risquaient de la payer tous les deux, mais il était encore temps de réparer les dégâts.

Alexis attendait devant la statue de Victor Hugo. Il attendait depuis longtemps, mais sans s'impatienter. Il ne savait plus où aller. Il aurait aimé que quelqu'un le prenne en main, lui dise : « Fais ceci, pars là-bas. » Clara aurait été idéale pour ça.

Sammy allait peut-être jouer ce rôle. Il avait appelé Alexis, un coup de téléphone très bref : « Devant la statue, le plus tôt possible, attention qu'on ne te suive pas. » Dans les films, Alexis aimait ce genre de situation, mais aujourd'hui, elle le déroutait. Il ne savait même pas comment vérifier si on le suivait. Tous les gens qui marchaient derrière lui semblaient le suivre. Il s'arrêtait devant des vitrines, en contemplait le reflet, faisait demi-tour, entrait dans des galeries. Il ne voyait personne, les gens qui le suivaient devaient être très forts. Et maintenant, il attendait. Jamais il n'avait attendu Sammy avec tant d'impatience, tant de besoin de réconfort, comme on guette l'arrivée d'un ami. Pour la première fois, il avait besoin de Sammy.

Celui-ci surgit enfin à l'angle de la statue, très calme.

— Alors, dit simplement le truand, il est mal barré notre film.

— Ça arrive, des beaux projets de films qui s'arrêtent avant la fin.

— Parfois, ils redémarrent plus tard, non ?

— Non, pratiquement jamais. On les bricole, on change l'histoire pour faire avec ce qu'on a tourné, mais ça ne fait jamais de bons films.

Sammy avait entraîné Alexis le long de l'avenue, et ils marchaient vers l'Étoile, d'un pas lourd, comme au retour d'une inhumation.

— J'aime bien Jean Valjean, soupira Sammy. Il est comme moi, il n'a pas de chance, mais je l'aime bien.

Ignorant les grondements agacés d'Alexis, Sammy poursuivit :

— J'en ai parlé au téléphone à Philippe, je lui ai dit que ce serait bien si Momo lisait *Les Misérables*. Pour lui, c'est nul, ça fait cliché. C'est dommage, je l'avais lu et relu. Toi aussi, j'imagine. C'est idiot qu'on soit pressés, j'avais des questions à te poser sur Jean Valjean.

— Ce sera pour une autre fois.

— Mais enfin, Alexis, il n'y aura plus d'autres fois, c'est fini. Demain, il y aura un contrat lancé sur moi et sur tous ceux avec qui je bosse. J'ai entendu à la radio que Thaddée n'est pas encore mort : par lui, le milieu saura tout sur mes amis, on est tous dans le collimateur. Si tu veux sauver ta peau, fais comme moi, comme les autres, disparais dans la nature.

— Je ne peux pas, je suis trop connu, il y a eu ma photo dans plein de journaux, à cause du film.

Alexis avait un peu exagéré, mais il avait éprouvé un plaisir fugace à rappeler cette notoriété.

— À cause de *Zoubeida* ? Je n'imaginais pas.

— Non, à cause de Taoaya.

Sammy soupira longuement. Alexis aurait voulu lui faire préciser l'arrière-pensée de ce soupir, mais déjà le malfrat avait enchaîné :

— Il y a un dernier truc que je veux te demander. L'autre jour, quand tu m'as dit que ce serait bien que je cherche une autre femme, plus décalée, c'était juste pour casser mon histoire avec Clara, ou tu le pensais vraiment ?

Sammy s'était arrêté et avait posé sur Alexis un regard terrible, un regard d'une folle amitié. Alexis ne voulut pas le décevoir :

— Je le pensais vraiment.

Sammy l'embrassa, lui chuchota un bref adieu et s'engouffra très vite dans la rue Paul Valéry. Alexis hésita à lui crier : « Je le pensais vraiment pour ton film ! » Il hésitait aussi à crier : « Je le pensais vraiment pour ta vie ! » Il voulait surtout lui crier qu'il l'aimait bien, qu'il regrettait plein de choses, et qu'il ne regrettait rien. C'était si compliqué, il garda tout ça pour lui, et partit se terrer dans le fond d'un café : là, il pourrait bien voir s'il était suivi.

Le soir, Sammy alla boire un jus de tomate dans un bistrot crasseux de Pantin, rue Jules-Auffret. On annonça à la radio le décès du jeune Thaddée Rossi, impliqué dans la fusillade de la rue du Mont-Cenis. Il était mort à l'hôpital, dans les bras de son frère avec lequel il avait longuement parlé. Sammy alla garer sa moto dans le parking de la Gare de Lyon : il chercha une voiture dont on aurait oublié de fermer les portes à clé, et finit par en trouver une. Il y passa la nuit.

Avant l'aube, il gagna Malakoff, tourna deux fois autour du pâté de maisons où vivait Tatie. Le jour était à peine levé, juste assez pour distinguer le cerisier : on y avait pendu cinq chats. Une forme plus imposante se balançait juste derrière le tronc et il n'eut pas besoin de s'en approcher pour comprendre : deux chaussons jaunes dépassaient.

— Tatie… ce n'était même pas ma tante, gémit-il.

Il passa la journée à rouler sur les autoroutes, partant vers le Nord, l'Est, la Normandie, et revenant vers Paris. En fin d'après-midi, tandis qu'il achetait un sandwich dans la cafétéria d'une station-service, il entendit à la radio qu'un assassinat venait d'être commis devant la synagogue de Sarcelles. Un certain Dov Benichou avait été abattu de deux balles.

Sammy décida de revenir à Boulogne-Billancourt. Il avait peur. Pas pour lui, mais pour elle.

Clara n'était pas là. Sammy souleva la potiche et y trouva la clé. Il ouvrit le frigo, en sortit une bouteille de jus de tomate en pensant que c'était la toute dernière qu'il buvait chez Clara.

Il ôta sa veste, s'écroula sur le canapé blanc et alluma la télévision. C'était l'heure des informations régionales. On y annonçait la mort d'un Tunisien, abattu ce matin au pied de la tour HLM où vivait sa famille. Le jeune Noureddine Zahoud avait reçu deux balles à bout portant. Sa sœur vint expliquer que son frère était un type sans histoires, qui se préparait à un CAP de cuisinier. Un éducateur social en parla de façon élogieuse, un bon gars tranquille, un exemple pour la cité, une activité appréciée au sein du club de boxe. Un ami confia à mots couverts les grands projets que Noureddine avait dans le cinéma, on venait de lui faire tourner des bouts d'essai. Le maire, à tout hasard, réclama la création d'un nouveau commissariat de police.

Et Sammy eut l'impression d'être le seul à pleurer Noureddine pour ce qu'il avait vraiment été. En s'essuyant les yeux, il renversa du jus de tomate sur sa chemise blanche. La tache était près du cœur, légèrement au-dessus. Elle avait une forme qui rappelait la Corse. Ce serait comme ça, dans quelques jours, quand Revoluzione Corsa l'aurait retrouvé. En attendant, il ôta sa chemise, son T-shirt, et les mit à tremper dans un seau : il ne voulait pas faire peur à Clara quand elle reviendrait. Sammy était brutal, mais pas cruel, il abhorrait les petites blagues qui jouent avec les émotions.

Et, épuisé, il s'endormit.

Clara ouvrit la porte peu après, sans bruit. Elle ne faisait jamais de bruit pour rien. Elle contempla Sammy qui dormait torse nu sur le canapé. C'était tellement contraire à toute son esthétique, elle comprit que quelque chose n'allait pas. Et elle pressentit que la parenthèse de bonheur allait se refermer ; elle le pressentit avec le fatalisme rageur d'une fille de seize ans qui voit arriver la fin des vacances à La Baule.

— Qu'est-ce qui se passe ? demanda-t-elle à Sammy qui s'éveillait.

Sammy lui raconta, sans effets, les deux lamentables journées. Le tournage avorté, la tragique méprise, la mort d'Augustin, puis celles de Thaddée, de Dov et de Noureddine. La traque qui commençait.

— Et Alexis ?

— Il était encore vivant hier soir. Nous avons parlé.

C'était la première fois qu'ils évoquaient ensemble le nom d'Alexis. Il avait toujours respecté le vœu que

Clara avait exprimé le premier jour : Alexis ne devait pas exister. Et aujourd'hui il était *encore vivant*.

Cet *encore* l'avait interloquée, elle ne semblait pas comprendre. Alors, très doucement, il lui expliqua que tous les plus ou moins proches de Sammy Raggi étaient en danger de mort. Même les chats.

— Et toi aussi, conclut-il encore plus doucement. Et Estelle. Si quelqu'un sait que je viens te voir, vous êtes fichues.

— Mais qui peut le savoir ?

— Noureddine le savait. Il peut en avoir parlé à Thaddée, sans penser à mal. Si Thaddée l'a su, ça finira pour vous comme ça s'est fini pour Tatie. Et il y a Alexis. Lui aussi peut avoir parlé.

Elle haussa les épaules. Quand elle parlait d'Alexis, elle avait toujours un curieux besoin de hausser les épaules.

— Qu'est-ce que tu vas faire, Sammy ?

— Je vais disparaître de la circulation.

Elle fut tentée de lancer des « Je pars avec toi », mais elle savait qu'elle aurait déçu Sammy : il y avait Estelle, et tout s'arrêtait là. Sammy lui conseilla d'aller se mettre à l'abri avec sa fille, loin, en province, le temps que tout se règle il ne savait trop comment. Elle ne devait plus jamais tenter de le revoir, ce serait trop dangereux. Il lui annonçait ça calmement, comme s'il fallait décider de ne plus aller aux récitals d'un pianiste décevant.

— Tu comprends ? Il n'y a plus de Sammy, il n'y a jamais eu de Sammy pour toi.

— Jamais à partir de quand ?

Et elle l'entraîna dans la chambre.

Ce même soir, Alexis rentra chez lui. Il était saoul, crasseux, épuisé. Il vagabondait depuis plus de trente heures dans Paris, ne sachant où disparaître dans la nature, échouant de bistrot en bistrot. Il avait erré sur les boulevards, se retournant sans cesse. Plus il était seul, plus il avait l'impression d'être suivi.

Alexis avait fini par espérer qu'on le trouve, qu'on l'abatte pour mettre un terme à sa pitoyable aventure. Il s'était résigné à rentrer chez lui, le soir tombé, et tant mieux si un tueur l'attendait devant la porte. Il voulait juste prendre une douche ou mourir. Dormir, aussi.

Ce n'était pas devant la porte qu'on l'attendait, c'était à l'intérieur. Pas des tueurs, mais des flics : le commissaire Viard et le lieutenant Panatta l'accueillirent avec un sourire soulagé.

— On est contents de vous voir vivant, monsieur Pirief, on a plein de choses à se dire. Avec un mort, ç'aurait été plus compliqué.

Ils avaient posé la grande valise mauve à plat, au centre de la pièce, et s'en étaient servi comme table basse. Et sur la table improvisée, des lettres qu'Alexis reconnut immédiatement : c'étaient ses lettres à Clara, ses lettres jamais envoyées, ses lettres à lui-même.

— Mais je ne vous permets pas, c'est strictement personnel.

— Vous n'avez plus rien de personnel. Un taulard n'a rien de personnel, pas même le creux de ses fesses quand on fait les fouilles approfondies. Il va falloir vous habituer, monsieur Pirief. Ces lettres, on en parlera plus tard, il y a plus urgent, asseyez-vous et causons.

Alexis se sentit soudain déjà déchu, prisonnier. Ce fut humblement qu'il demanda :

— Est-ce que je peux d'abord prendre une douche ?

— C'est une très bonne idée, dit Viard en plissant une narine dégoûtée. Pendant ce temps, le lieutenant Panatta va préparer du café, la nuit sera longue.

Alexis passa sous la douche. Très chaude d'abord pour se décrasser, puis très froide pour dessaouler. Est-ce qu'en prison on pouvait changer la température de sa douche ? Il n'avait jamais posé la question à Sammy. Il réalisa soudain qu'il ne l'avait jamais interrogé sur sa vie, il ne lui avait jamais vraiment parlé. Il avait tout raté avec Sammy. Ce type lui manquait déjà terriblement.

— Le café est prêt, vous venez ?

Panatta l'avait appelé d'un ton exagérément joyeux, comme un garnement prêt à faire une farce à son petit voisin. Alexis enfila un survêtement et revint dans le séjour.

— Vous êtes un cachottier, monsieur Pirief. Pourquoi vous ne nous avez pas prévenus de ce qui se préparait ?

Alexis ne répondit pas. Pourquoi ne les avait-il pas prévenus ? Il ne savait pas comment leur expliquer ça. Ce qu'il savait, c'est qu'il voulait toujours être plusieurs Alexis à la fois : l'ami de Sammy et l'agent de Viard, le cerveau du crime et l'innocent, le réalisateur applaudi et le génie incompris, l'homme à femmes et l'homme de Clara. Tous ces Alexis-là s'affrontaient, s'intimidaient, négociaient et concluaient des arrangements foireux, mettant le pauvre Alexis Pirief devant le fait accompli.

— Si vous nous aviez avertis, on aurait empêché l'intervention des jeunes collègues, on serait arrivés pépères à la fin du casse, on aurait trouvé tout ce beau monde, y compris Rutali. On aurait ramassé les coupables qu'il nous fallait, et vous auriez eu droit à un non-lieu. Vous êtes toujours comme ça dans la vie, à gâcher vos chances ?

Il avait raison, ce gros flic : voilà, dans la vie, il était toujours comme ça.

— On va vous aider une dernière fois, Pirief. On va vous arrêter, vous mettre à l'abri sous protection renforcée. Ensuite, devant les juges, ne parlez surtout pas de notre petit arrangement, ça vous mettrait en danger de mort : vous n'avez *jamais* été le coach de Raggi, encore moins son ami.

— Je n'ai jamais été le coach de Raggi, encore moins son ami, répéta Alexis, avec une sincérité qui l'attristait.

— Voilà, retenez bien ça. Chargez-le à fond. Expliquez qu'il vous terrorisait. Si vous prenez un bon avocat, vous serez acquitté.

— Et pourtant, interrompit Panatta, vous ne le méritez pas : votre grand projet, maintenant, on a compris ce que c'était.

Alexis ne put dissimuler sa curiosité : enfin on allait lui expliquer son grand projet. Il allait savoir de quoi il était capable.

— Le lieutenant Panatta avait été le premier à comprendre, reprit Viard. Il a du nez, le lieutenant : c'était bien du proxénétisme.

Et tout en lapant son café, le commissaire Viard présenta à Alexis le grand plan d'Alexis, comme s'il avait été en conférence de presse.

C'était son agenda rempli de noms d'hôtels, c'étaient surtout ces messages trouvés sur le répondeur d'Alexis, qui leur avaient permis de comprendre : toutes ces Shirley, et Mélissa, ces Romane, Maeva, Lorine et Noémie qui demandaient à le rencontrer de la part de Beverley. « Beverley, c'était la recruteuse, c'est ça, hein ? » Et la couverture, c'étaient des préparatifs de casting. Alexis avait eu l'idée de monter un vaste réseau de call-girls de luxe, travaillant en hôtels, en France et dans toute l'Europe.

— C'était ça, hein ? conclut le commissaire, comme s'il eût attendu quelques applaudissements.

Alexis resta coi. Il était fatigué, il voulait aller dormir, chez lui ou en prison, n'importe où. Il se disait que s'il protestait de son honnêteté, on ne le croirait pas, on allait le cuisiner pendant des heures. À quoi bon l'innocence quand on lui proposait une si belle culpabilité ? Toute cette année de plongée dans l'inconsistance prenait soudain un sens, presque une beauté. Elle pouvait faire de lui un héros. Il était si las de son personnage, il accepta celui qu'on lui proposait. Il allait même le porter un cran plus haut :

— C'était ça, mais quand même plus intelligent, commissaire : je prenais avec Sammy une participation au capital de chaque hôtel Noctissimo, j'achetais une suite. Il suffisait aux voyageurs esseulés d'aller taper à la bonne porte pour passer une nuit de rêve avec une pseudo-actrice débutante qui le recevait dans ses meubles. Le circuit intégré ! Sammy avait assuré le financement, il devait assurer aussi la protection au cas où de petits maffieux locaux auraient voulu mettre la main sur le juteux business. Et moi, j'ai apporté l'idée, les filles, les contacts avec les hôtels, et les clients en lançant le bouche à oreille dans les milieux de la publicité : ces gens-là ont des entrées dans toutes les entreprises.

Et Alexis se tut, modeste. Il croisa et soutint le regard du commissaire Viard qui le contemplait avec respect, presque avec admiration. Cela faisait des mois qu'il n'avait pas eu droit à une telle considération.

— Putain, ton business, chapeau ! conclut Panatta.

Et maintenant le lieutenant le tutoyait. Ce n'était pas un *tu* dominateur. Il y avait dans ce *tu* une proximité, presque une fraternité. Alexis se sentait meilleur, il était devenu un seigneur de la pègre. Un personnage plus crédible que celui du minable réalisateur baladé dans son labyrinthe par un destin espiègle. Que manquait-il au grand proxénète Alexis Pirief ?

Le commissaire, hocha la tête et parla doucement, comme en confession :

— Merci, Pirief. Vous venez de me donner une sacrée leçon : puisque je suis un type logique, je ne dois pas sortir de la logique. L'intuition, c'est réservé aux intuitifs, aux gars comme Panatta. Vous allez rire, mais, jusqu'au bout, je me suis demandé si vous n'étiez pas innocent. Votre version du début ne tenait pas debout, mais, je ne sais pourquoi, contre tout bon sens, j'y croyais sans y croire. Heureusement qu'il y avait le lieutenant Panatta et son flair, bravo Panatta. Et bravo Pirief, vous êtes le plus formidable menteur que j'aie jamais rencontré.

Panatta et Alexis affichèrent le même sourire modeste.

— Ce que je ne comprends pas, reprit Viard, ce sont ces témoignages de plusieurs patrons de restaurants. Ils vous ont vus, Sammy et vous, passer des soirées entières à parler littérature. C'est quoi, ce truc ? Une couverture ? Ça n'a pas de sens !

Que manquait-il au grand proxénète Alexis Pirief ? Il venait de trouver :

— Nous étions devenus très amis, Sammy et moi. Je voulais faire de lui quelqu'un de cultivé, l'intéresser à autre chose qu'aux fric-frac. Je lui faisais découvrir la littérature française, lire les grands auteurs.

Il sentit sa gorge se resserrer, sa voix se fêler. Il y croyait presque à son histoire, il en avait déjà la nostalgie. Il ajouta, après un long respir :

— C'était une tâche ingrate, mais elle me plaisait. À lui aussi, je crois. Je lui avais beaucoup parlé de Maupassant, là j'en étais à Victor Hugo, aux *Misérables*. Je sais, c'est un peu dérisoire, mais...

— Ah, c'était donc ça, le manuel de littérature qu'on a trouvé chez lui, truffé de post-it « En parler à Alexis »...

Le commissaire Viard s'étira, puis posa sur Alexis un regard tendre.

— Vous êtes un type bien, mais ne parlez jamais de ça, même aux juges. Vous passeriez pour un intime de Raggi, ce serait signer votre arrêt de mort.

Alexis sourit, heureux et triste. Il pensait à l'année formidable qu'il avait presque vécue. Il demanda s'il pouvait aller se coucher.

— Pas tout de suite, il faut nous parler de Clara.

27. À propos de Clara

Le commissaire Viard n'était plus accusateur, ni même fâché. Il semblait juste vouloir comprendre.
— Clara, vous me disiez, c'est une pute moldave, une pute de luxe qui fait des allers et retours entre Sammy et vous. Quand je lis vos brouillons de lettres, j'ai l'impression que vous voudriez qu'il y ait un peu moins d'allers et un peu plus de retours. Ça vous rend malade, qu'elle soit avec Sammy. D'autant plus qu'elle est apparemment en France, et pas en Moldavie. Vous avez un sacré béguin pour elle, hein ?
— Il ne s'agit pas de brouillons, commissaire, ce sont des lettres que je lui écrivais pour ne pas les envoyer.

Panatta soupira, excédé :

— Ah non, t'étais devenu raisonnable, alors ne recommence pas avec tes histoires à la mords-moi-le-nœud !

Le commissaire fouilla dans le paquet de lettres et en sortit une photo : Clara y souriait, en gros plan. Alexis avait toujours aimé ce portrait, le sourire était si simple, si vrai : ce n'était d'ailleurs pas à lui qu'elle souriait, la photo avait été tirée pour la plaquette de l'agence.

— C'est elle ? Elle n'est pas dégueu, commenta

poliment Panatta.

Le commissaire examina longuement le portrait comme s'il lui parlait :

— Un petit minois frais, un regard mutin. Elle paraît douce, mais elle doit avoir un sacré caractère.

Alexis ne répondit rien. Il observait Panatta qui revenait de la chambre et en rapportait une photo encadrée :

— Et celle-ci, c'est sa sœur ?

— Non, c'est ma mère, dit Alexis avec un frémissement dans la voix. Elle est morte quand j'étais enfant.

— Ah, excuse-moi, t'as raison : elles n'ont pas les mêmes traits. C'est drôle, hein, c'est la coiffure qui crée la ressemblance : exactement la même !

Intrigué, Viard compara longuement les deux photos. Il finit par ranger celle de Clara dans sa poche, et, d'un petit mouvement de tête, il fit signe à Panatta d'aller remettre l'autre dans la chambre ; il posa alors la main sur le bras d'Alexis :

— Pour votre mère, je suis désolé, excusez le lieutenant. Mais pour Clara, je vous le dis, d'homme à homme, ce n'est pas avec des lettres comme ça que vous la ferez revenir.

Il extirpa la plus récente et la lut, triste comme un prof de français en ZEP.

Clara chérie,

Il nous faut nous pardonner. Mais est-ce l'amour qui doit créer le pardon ou le contraire ? Qui doit pardonner quoi à qui ? Le véritable pardon, n'est-ce pas celui que l'on se demande à soi-même, de même qu'il faut savoir s'aimer soi pour s'aimer l'un l'autre ? Ne serait-il pas plus simple que chacun demande à l'autre de se demander ce pardon à soi-même ?

— Il y en a deux pages comme ça, soupira Viard. Je comprends qu'elle soit restée avec Sammy. Enfin... je m'éloigne du sujet.

Panatta était revenu et le climat se tendit à nouveau :

— Elle était quoi, ta Clara ? demanda-t-il, l'œil polisson. C'était la tête de gondole du réseau ? Elle assurait les ouvertures promotionnelles pour attirer la clientèle ? C'est ça, hein ?

— Oui, en gros, concéda Alexis, mais quelle importance ?

Viard le fixa gravement :

— Une énorme importance. Il faut qu'on la trouve tout de suite. C'est la maîtresse de Sammy, elle est en danger de mort. Et elle sait sûrement où il se cache. Lui, il n'est même plus en danger, c'est quasiment un mort-vivant. Si vous aimez encore cette Clara, il faut me dire où je peux la trouver.

Alexis se servit une nouvelle tasse de café. Il s'était à peine habitué à son nouveau personnage de seigneur de la pègre, de bâtisseur d'empire du proxénétisme, et déjà les ennuis recommençaient : c'était à son nouveau personnage de répondre et il ne le maîtrisait pas encore. Il déclama :

— Je les ai laissé vivre ensemble, je les laisserai mourir ensemble.

Tout se mélangeait, la fausse Clara et le vrai Sammy, le vrai et le faux Alexis, il était tellement fatigué. Mais cette dernière réplique lui plaisait, elle était belle comme au cinéma.

Les flics lui jetèrent un œil furibard. Viard, rageur, empila les lettres, les fourra dans une enveloppe. La valise mauve qui avait servi de table parut soudain immense, au centre de la pièce.

— Tiens, ricana Panatta ! On l'avait sous les yeux, et on ne l'a même pas vue.

Viard regarda l'étiquette :

— Qui c'est, cette madame Deneyrac ?

— Oh, une simple copine. Son bagage a été égaré par Air France pendant ses vacances, elle l'a fait déposer chez moi.

Panatta ouvrit la valise à l'envers pour tout renverser sur le sol.

— Elle emporte de drôles de trucs en vacances, ta copine, que des sous-tifs et des babioles. Oh, c'est joli, ce string, vous avez vu, commissaire ?

Avec un rire gras, il tendit à Viard les sous-vêtements turcs brodés *Clara*, puis le stylo gravé au nom de Sammy, et la bouteille de liqueur de châtaigne. Le commissaire eut un bon rire :

— Cette valise, c'est à Clara, hein, monsieur Pirief? Il n'y a qu'une Moldave pour acheter une valise mauve. Et Clara vous a demandé de déposer ça chez madame Deneyrac. Qui c'est, madame Deneyrac ? Une relation à elle, j'imagine. Vous y avez joint quelques souvenirs de Sammy, c'est gentil à vous. Eh bien, je vais aller voir madame Deneyrac, puisque l'adresse est indiquée. Elle doit bien savoir où se cache Clara. Panatta va rester là pour vous garder, sait-on jamais…

Alexis fut tenté de clarifier la situation, mais tout ce qu'il clarifiait s'embrouillait. Le plus sage était encore de laisser s'accomplir la tragédie.

Viard semblait hésiter à partir. Comme s'il quittait un malade à l'hôpital.

— Ça vous ennuie d'aller réveiller la concierge, Panatta ? Interrogez-la sur les relations récentes de Pirief. Prenez tout votre temps.

Panatta se retira en grommelant. Et Viard demanda câlinement à Alexis :

— Si je trouve cette Clara, qu'est-ce que je lui dis de votre part ? Vous voulez vraiment les laisser mourir ensemble ? Elle est peut-être seule, désormais.

Alexis chuchota, avec une voix d'enfant :

— Dites-lui que je veux qu'elle revienne. Et que je l'aime.

— C'est tout ?

Alexis ajouta, à voix si basse que Viard dut s'approcher pour entendre :

— Dites-lui aussi que j'ai été un peu con.

— Ça me paraît mieux. Si j'étais vous, je l'écrirais. Et mettez ça dans le bon ordre.

Alexis s'empara d'une feuille de papier et commença à s'entortiller les cheveux, il le faisait chaque fois qu'il était en difficulté. Il était si fatigué, et cette lettre était tellement importante. Le commissaire sembla s'en apercevoir ; il était excédé par cette affaire où tout le monde prétendait manœuvrer tout le monde, c'était son tour.

— Votre intelligence vous perdra, vous risquez d'écrire une lettre tout emberlificotée, je vais vous aider.

Tout en rangeant la valise, il dicta :

— *Chère Clara,*

Je suis un con. Et quand je suis loin de toi, je suis encore plus con. Je veux revenir vers toi...

Alexis écrivait, docile. Il se sentait pris en main, c'était confortable.

— Et vous signez, conclut le commissaire.

Alexis relut la lettre, penaud. Pourquoi n'avait-il jamais été capable d'écrire une lettre pareille ? Peut-être parce que la réconciliation avec Clara eût été trop simple.

— Vous croyez que ça peut marcher, commissaire ?

— Je ne promets rien, mais...

Le commissaire ne connaissait pas Clara, mais il connaissait les femmes, elles devaient être pareilles en Moldavie. Déjà, Panatta revenait, maussade.

— Rien d'intéressant, commissaire. Pirief ne recevait que des pouffes. Des brunes, des blondes, des blacks, des jaunes. Son fonds de commerce.

Et il lança à Alexis un regard canaillou.

— Bon, dit Viard. Je vais filer, maintenant. Si vous voulez rester vivant, retenez ceci, Pirief : Sammy Raggi a tenté de pénétrer chez vous cette nuit, pensant que, vous et Rutali, vous l'aviez donné. Il venait vous tuer. Heureusement, le brave lieutenant Panatta, qui veillait, l'a mis en fuite.

— Hein ? Quand ?

Alexis ne comprenait plus rien, il voulait aller dormir.

— Quand ? Mais maintenant, dit Viard qui avait sorti son Beretta en gagnant le palier.

— Ne tirez pas, vous allez réveiller les voisins ! s'alarma Alexis.

— Parfait, cela nous fera quelques témoins de plus.

Viard tira un coup de feu dans la serrure et s'en fut, la valise à la main ; Panatta tira à son tour dans la porte, mais de l'intérieur. Le lieutenant passa alors sur le palier et attendit que Viard ait atteint l'entrée pour hurler :

— Tu es foutu, Raggi ! Rends-toi, c'est ta seule chance !

Dans les étages, des portes s'ouvrirent. Et Panatta cria dans la cage d'escalier, presque gentiment, tout en regagnant l'appartement :

— N'ayez pas peur, mesdames, messieurs, la police est là ! Maintenant, fermez les portes et restez chez vous, ce sera plus prudent.

Alexis soupira : c'étaient vraiment deux vieux comiques. Il ne répondit pas au sourire du lieutenant et demanda s'il pouvait enfin aller se coucher.

Le lieutenant Panatta le rappela alors qu'il gagnait la chambre :

— Dis, je n'en ai pas parlé devant Viard, mais si tu pouvais me faire rencontrer une call-girl finlandaise, j'ai toujours rêvé d'une Finlandaise.

Dans le taxi, le commissaire Viard était songeur. Il ne comprenait rien à ce Pirief, si visionnaire dans la construction de son plan, si féroce dans sa façon de coacher Sammy Raggi, mais tellement gamin dans son amour pour une pute, fût-elle de haute volée.

Il commençait à cerner la psychologie de l'individu : un monstre d'intelligence, mais immature. Il s'était lancé dans le crime comme il se serait lancé dans la chanson ou le commerce international, par amour, pour éblouir une pute moldave qui ne l'aimait pas vraiment. Un individu orgueilleux, qui ne supportait pas ce mal-amour, seul échec dans une vie de succès. Un formidable comédien dans ce rôle de ragondin apeuré, lui qui était habitué à faire plier les caractères les mieux trempés. Un enfant surdoué capable d'affirmer d'une main son emprise sur un Sammy Raggi et sur des dizaines de jeunes femmes, et de tendre l'autre main pour quémander un trognon d'affection. Un personnage de film.

Arrivé rue André Morizet, Viard appuya à trois reprises sur l'interphone avant qu'on finisse par répondre. C'était une voix de femme agacée. Le commissaire réalisa alors qu'il était une heure du matin.

— Qui est-ce ?

— Police, c'est très urgent. Je veux voir madame Deneyrac.

Il y eut un bref « Sixième étage gauche » et la porte du hall s'ouvrit.

En arrivant sur le palier du sixième, le commissaire trouva la porte fermée. Il sonna, rageur, et entendit des pas dans l'appartement.

— Madame Deneyrac ? Ouvrez.

— Vous êtes vraiment de la police ? Glissez votre carte sous la porte.

Viard se demanda si la fille cherchait à gagner du temps ou si elle avait peur. Les deux, peut-être. Il s'exécuta.

— Ouvrez, maintenant. Tout de suite.

— Attendez, je suis nue. Je n'ouvre jamais tout de suite quand je suis nue.

Viard enrageait. Il y eut un silence, un bruit de porte, encore des pas.

— Qu'est-ce qu'elle me veut la police ?

— À vous, rien. Je veux savoir où se cache Clara.

Il y eut un nouveau silence, très long. Même à travers la porte, ce silence paraissait perplexe.

— Vous me demandez *à moi* où se cache Clara ? Mais de quelle Clara vous me parlez ?

— De Clara, la Moldave. La prostituée de luxe, la tête de gondole, qui fait des allers et retours entre votre ami Pirief et un truand nommé Raggi, ne faites pas l'innocente, vous la connaissez. Ouvrez.

— Mais qui vous a raconté ça ?

— C'est Pirief. Maintenant, ouvrez, Madame Deneyrac, on veut savoir où se cache Clara, c'est tout. C'est très urgent, sa vie est en danger.

La porte s'entrebâilla enfin. Le commissaire contempla la grande fille toute simple qui ne portait qu'un kimono de coton écru. Le regard de Viard balaya la pièce, le manteau de fillette accroché à une patère, le magazine des anciens HEC qui traînait sur un guéridon, le PC portable et le gros dossier « Plan de développement nouvelle gamme GPC » posés sur une chaise, le masque fidjien sur le mur, le curieux tableau moderne dans un coin.

Il revint sur la fille, s'attarda sur son petit minois frais, son regard mutin, sortit brièvement la photo de sa poche et la rangea. Décidément, ce Pirief était trop fort pour lui.

— Eh bien, madame Clara Deneyrac, on va avoir des tas de choses à se dire, soupira-t-il, navré.

— Je ne sais pas, mais la première, c'est qu'Alexis Pirief est le type le plus tordu que j'aie jamais rencontré.

— Je suis bien d'accord avec vous, approuva le commissaire en entrant.

Le commissaire Viard était perplexe, il ne savait plus par où commencer. Ainsi, même quand il avouait ses mensonges, Alexis Pirief continuait de mentir. Ce type était décidément trop fort pour lui. Et cette fille, qu'allait-il en faire ? Elle le regardait avec un petit air railleur, mais sa gestuelle traduisait une grande tension. Elle lui rendit sa carte de police :

— Et moi, Clara Deneyrac, nationalité française. Vingt-neuf ans, célibataire, mère d'une petite Estelle, huit ans. Directrice commerciale dans une agence de publicité. Diplômée HEC. Propriétaire de son appartement. Pas de casier judiciaire. Je ne vois rien qui mérite votre visite nocturne.

Pirief s'était moqué de lui, et maintenant, c'était cette fille qui allait jouer l'innocente ? Le commissaire lui tendit la valise :

— Cette valise, elle est à vous.

— Moi, une valise mauve ? Vous plaisantez, commissaire ?

Elle avait l'air sincèrement indignée. Le commissaire en fit jouer la serrure et lui demanda :

— Ce sont quand même vos affaires, et celles de Sammy Raggi.

— Je ne connais pas de Sammy Raggi.

Le commissaire Viard en déballa le contenu, et elle en fit le tri d'une main dégoûtée :

— Il y a quelques babioles à moi. Cet ensemble de pouffe, rouge et blanc, il est brodé à mon nom, mais il n'est pas à moi. D'ailleurs, je fais du 85 B, pas du 90 C. Ce stylo, non, cette liqueur non plus, je ne bois jamais d'alcool. C'est Pirief qui vous a donné cette valise ? Il s'est moqué de vous, vous pouvez la lui rapporter. Et moi, je vais me recoucher.

Le commissaire perdait pied. Il s'était cru l'égal de ces intellectuels, mais ils étaient trop forts pour lui. Il rêva soudain d'être un brave commissaire de banlieue, on cracherait sur sa femme à la supérette, on tabasserait ses gosses à l'école et les professeurs les puniraient, on brûlerait sa voiture à la fin décembre, la vie serait tout de même plus simple.

— Alors, vous n'êtes pas la maîtresse d'Alexis Pirief et de Sammy Raggi ?

— Pirief, oui, je l'ai été, affaire archivée. Mais Raggi, non, inconnu au bataillon. Pour tout ce qui est amants, j'ai une excellente mémoire. Et maintenant, je peux aller dormir ?

Sans répondre, Viard fit le tour de l'appartement. Tout paraissait normal. Il y flottait un léger désordre, ordonné, féminin. Il s'arrêta dans la chambre de la petite fille, contempla, attendri, le mur couvert de dessins collés à la patafix. Il n'avait pas eu d'enfants, et il pensa que ce devait être doux de passer chaque soir devant un lit où l'on perçoit le souffle frais d'un enfant qui rêve.

— Votre fille, vous m'avez dit qu'elle n'avait que huit ans ? Eh bien, dites donc, elle est douée en dessin ! C'est même une bonne portraitiste !

Il détacha un dessin et le tendit à Clara :

— C'est adorable, les petites filles, ça ne sait pas mentir. C'est après, en grandissant, qu'elles apprennent, les vilaines.

Le dessin montrait un homme aux grands yeux noirs, à côté de ce qui ressemblait à une moto. Dessous, une main enfantine avait écrit *Sammy.*

— Alors, vous ne connaissez pas Sammy ?

Elle perdit de son arrogance et hésita :

— Bon, oui, je le connais. J'ai dit ça pour éviter les ennuis. Je le vois de temps en temps.

— Et il est votre amant.

— À temps partiel.

Le commissaire passa dans la chambre dont la fenêtre était grande ouverte. Il se pencha, examina la descente de gouttière qui passait à trente centimètres. C'était risqué, mais possible.

— Et ce Sammy, vous ne l'avez pas vu ce soir, par hasard ?

— Non, je dormais seule.

Il tâta le lit défait.

— Tiens, il est encore chaud des deux côtés. C'est drôle, pour une femme qui dort seule.

— Vous n'êtes qu'un homme, commissaire, que connaissez-vous aux nuits d'une femme seule ?

Viard se pencha sous le lit, et en sortit un pantalon d'homme, un slip, des chaussures, des chaussettes.

— Il m'a laissé des vêtements à laver, expliqua Clara avant qu'on ne lui pose la question.

— Oh, c'est gentil, vous faites *bed and pressing !*

Il s'arrêta devant une photo, dans un pêle-mêle : une jeune femme brune, à grandes lunettes, un bébé dans les bras.

— Et ça, c'est votre sœur ?

— Non, c'est moi, à la naissance d'Estelle.

Le commissaire la contempla longuement, étonné.

— Oui, bien sûr, excusez-moi. Vous aviez les mêmes traits, mais ces longs cheveux bruns et ces lunettes, ça vous fait une tête tellement différente. Ça vous allait bien, pourquoi vous êtes devenue blonde ?

Elle haussa les épaules, comme une femme devant une question d'homme.

— C'est Pirief qui m'a demandé de me coiffer comme ça et de me teindre, quand nous sommes devenus amis, il trouvait que ça m'allait mieux. Ensuite, il m'a suggéré de mettre des verres de contact. Moi, ça ne me gênait pas, et ça lui faisait tellement plaisir. C'est important ?

Le commissaire chercha ses mots, puis se tut. Il ouvrit le débarras qui jouxtait la chambre et appuya vainement sur l'interrupteur.

— Il n'y a pas de lumière ?

— Non, la pièce n'est pas à louer.

Le commissaire poussa à fond la porte pour mieux éclairer la petite salle, l'examina, puis passa à la cuisine. Il s'arrêta dans un seau où trempait du linge.

Il en tira une chemise blanche et un T-shirt : des traces rouges y subsistaient à hauteur de la poitrine. Il lança d'une voix triste :

— Il est blessé, salement blessé, hein ? Et vous l'avez laissé filer par la gouttière dans cet état ?

Viard l'invita à s'asseoir à son côté sur le canapé blanc. Il se sentait las.

— Vous l'aimez bien, Sammy ? Moi aussi. Il faut m'aider à le retrouver très vite. Si ce n'est pas l'hémorragie qui le tue, ce seront deux balles, plop, plop. En prison, je peux le mettre à l'abri. À l'extérieur, tout ce qui est un peu corse dans le milieu le traque déjà : tout ce qui mange du fromage corse, ou qui écoute du Tino Rossi. À l'extérieur, il est foutu. Et tous ceux qui le touchent aussi, foutus. Vous, vous le touchiez beaucoup. Ça va vite se savoir : moi, en quelques heures, je l'ai su.

Clara semblait troublée. Il était psychologue, il trouva le bon argument :

— Et votre gamine, vous y pensez, à votre gamine ?

Clara blêmit :

— Je ne pense qu'à elle, commissaire. Cette nuit, elle dort chez sa grand-mère. Dès demain, nous allons nous mettre en sécurité chez une cousine en province, le temps que ça passe.

Cette fille faisait pitié.

— Non, rien ne passera : en vous sauvant, vous signez votre arrêt de mort, vous confirmez vos liens avec Sammy. Il faut trouver autre chose.

— Qu'est-ce que vous me proposez ?

— Faites comme Pirief. Lui, il est sauvé : Raggi est passé chez lui il y a une heure, il a tenté de le tuer. Avec ça, Pirief est tranquille : dans le milieu, une tentative d'assassinat par Raggi, ça vaut un contrat d'assurance du Lloyd's.

La fille le regardait fixement, elle ne comprenait rien.

— Il y a une heure ? Mais commissaire, c'est impossible.

— Je ne raconte pas ce qui est possible, je raconte ce qui est arrivé aux gens qui veulent rester vivants. Et vous, vous savez ce qui vous est arrivé ? Sammy vient de passer chez vous et vous a violée, pour se venger de Pirief.

La fille respirait très vite, elle commençait à comprendre. Le commissaire lui prit la main :

— Bien entendu, pour que ça marche, il y a une condition : vous n'avez *jamais* été la maîtresse de Sammy Raggi. Vous êtes restée fidèle à Pirief, qui vous a simplement éloignée pour vous mettre à l'abri.

Viard regarda Clara qui hochait doucement la tête, avec une tête de femme violée. Le plus dur restait à venir, pour lui et surtout pour elle.

Il avait toujours rêvé d'être psychologue-médiateur pour les couples en crise. Et maintenant qu'il tenait dans la main les alliances de ce binôme, le boulot lui paraissait obscène : il fallait laisser la nature à l'œuvre, elle faisait, elle pouvait défaire. Il fallait laisser exploser les orages qui forgent le caractère d'un couple, il fallait laisser sourdre les petites haines qui le scellent.

Mais cette nuit-là, le commissaire allait forcer le cours des choses et des êtres. Ce serait même amusant. Il eut un sourire paterne :

— Si vous voulez que ce soit crédible, madame, il faudra bien sûr reprendre la vie commune avec Pirief.

Viard sentit la main de Clara se crisper dans la sienne. Une crispation violente, proche de la paralysie.

— En tout cas, Pirief, lui, il y est prêt. Tenez, puisque Clara c'est vous, vous avez du courrier.

Il lui tendit la lettre qu'il avait dictée à Alexis. Clara la parcourut, suspicieuse, comme elle eût épluché un message promotionnel des Trois Suisses :

— *Chère Clara,*

Je suis un con. Et quand je suis loin de toi, je suis encore plus con. Je veux revenir vers toi, non pas pour être plus intelligent, surtout pas, je te le promets, mais simplement pour te montrer que j'ai changé, cette lettre te le prouve déjà. Ne recommençons pas à zéro, commençons autrement. Je t'aime. Je t'aime même autrement.

Elle haussa le sourcil, relut la lettre :

— C'est vrai qu'il changé

Mais elle ajouta un *pfff*, et chiffonna la feuille. La lettre ne suffisait pas, Viard la sentait toujours aussi hostile.

— Qu'est-ce qui vous révulse en lui ? C'est toute sa zone d'ombre ? C'est cet énorme projet de réseau international de call-girls, qu'il avait monté avec son air innocent ?

Bras un peu écartés, mains ouvertes. Même sans PNL, on comprenait que cette fille était toute interrogation, presque admiration. Elle découvrait. Elle paraissait moins repliée.

— Il a aussi ses bons côtés. Regardez, ce tutorat qu'il exerce auprès de Sammy pour lui faire découvrir des siècles de littérature française. Au début, il recrute un truand en taule comme homme de main, et il finit par l'éveiller aux grands auteurs. Il l'initie au beau, au gratuit. Ce n'est pas de l'humanisme, ça ?

Légère crispation du dos, contraction de la nuque, incompréhension, il fallait poursuivre.

— Ce qui vous gêne, c'est son côté enfant qui veut que maman l'aime, mais qui ne veut pas donner la main, c'est ça ? Son côté vilain garçon jaloux de sa petite sœur, non ?

Hochement lent de la tête, respiration plus lente, empathie totale.

— Vous êtes tous les deux dans la même pièce, chacun la main sur une poignée de porte. Lui, avec une jambe dehors et une jambe dedans. Vous, prête à la claquer. Il faut décider de fermer les portes à clé et de vivre ensemble. Faites ça pour votre fille.

Et Viard comprit qu'elle l'écoutait autrement, désormais confiante. Il lui parla longuement, déversa bon nombre de clichés pour mieux la convaincre, lui fit promettre de traiter désormais Alexis en adulte, sans jouer à la maman. Avec un sourire entendu, il lui recommanda même de revenir à la coiffure et aux lunettes de ses vingt ans. Elle approuvait, elle promettait, docile. Il avait gagné la partie, il avait créé un couple avec enfant

Viard regarda sa montre :

— Je descends, je vous attends en bas. Je vous laisse préparer vos affaires, nous allons ensemble au commissariat. Et, excusez-moi, ne prenez pas de douche : n'oubliez pas, vous allez porter plainte pour viol.

Il y avait des questions qu'il n'avait pas posées, des pièces qui s'emboîtaient mal dans le puzzle, mais il était las de cette histoire. Il voulait faire comme tout le monde, il voulait se coucher.

Clara ouvrit la porte du débarras.

— Il est parti.

Sammy descendit de l'étagère, revissa l'ampoule.

— Tu as entendu ce qu'il a dit ? Qu'est-ce que tu en penses ?

— Il a raison. Fais tout ce que Viard t'a dit. Tout, même la vie avec Alexis, c'est ta seule chance.

— Mais c'est vrai, cette histoire qu'il a racontée sur Alexis, ce réseau de call-girls, ces cours de littérature ?

Sammy hésita. Il aimait Clara, il aimait bien Alexis. Par sa faute, ces deux-là seraient condamnés à vivre ensemble, les pauvres. Il pensa qu'il leur devait un cadeau de fiançailles, un joli mensonge qu'il allait déposer dans la corbeille.

— Oui, c'est vrai. Tu le prends pour un ahuri, mais tu le sous-estimes. Moi, je l'ai beaucoup fréquenté. Et… comment dire ? Respect !

Clara soupira longuement :

— Ce qu'il prétendait dans sa lettre, c'est donc sérieux. Il a vraiment changé.

Sammy regarda sa montre. Et la gorge de Clara se noua.

— Je sais, Sammy, il faut que je descende, les flics vont arriver. Tu n'auras même pas eu le temps de me violer.

Elle avait dit ça en pleurant, et Sammy pensa que c'était la première fois qu'il la voyait pleurer. C'était surtout, il le savait bien, la dernière fois qu'il la voyait.

29. Sortie de V.I.P.

Le présentateur du 20 heures afficha un bon sourire – il convenait de parler de cette affaire avec un bon sourire :

— Géronima Krutz, vous êtes à la sortie du Palais de Justice ?

La question était stupide : l'écran montrait Géronima Krutz à la sortie du Palais de Justice, mais elle n'était pas tenue d'y répondre.

— Oui, Patrice, le jugement vient d'être rendu dans l'affaire Pirief : trois mois de prison couverts par la détention préventive. Une sentence d'apaisement.

— Ce n'est pas cher payé, Géronima, pour une participation à agression armée en bande, dont Pirief était venu filmer le déroulement.

— Il était venu contraint et forcé, Patrice, il s'en est très bien expliqué. Rappelons les faits aux téléspectateurs : Pirief avait contacté le truand Sammy Raggi en prison dans un objectif purement professionnel. Il voulait des tuyaux sur le milieu, en vue d'un film qu'il préparait et…

— Et qu'il prépare toujours, Géronima, je peux même annoncer à nos téléspectateurs que c'est sur notre chaîne qu'il sera diffusé, pour la période des fêtes.

— Ah !

Géronima Krutz était furieuse. Avec sa petite phrase promotionnelle, le présentateur l'avait coupée au moment où ça devenait intéressant à raconter, c'était chaque fois pareil, elle n'arrivait plus à enchaîner la suite.

— Et alors, Géronima ?

— Et alors, Patrice ?

— Et alors, vous alliez nous dire que le pauvre Pirief a chèrement payé cette conscience professionnelle, et que Sammy Raggi, dès sa libération, a harcelé Pirief pour que celui-ci filme tous ses braquages. C'est cela que vous vouliez nous dire, Géronima ?

— C'est cela même, Patrice, et…

— Selon des sources bien informées, il a en plus fallu que Raggi s'entiche de la compagne de Pirief. À tel point que celui-ci a dû l'éloigner pour la mettre à l'abri de ses avances. Est-ce que vous êtes en mesure de confirmer pour les téléspectateurs, Géronima ?

— Exactement, Patrice, je…

— Vous alliez préciser, je crois, Géronima, que, menacé de mort, Pirief a finalement accepté de filmer ce casse qui s'est soldé par un massacre.

— Tout à fait, Patrice, j'allais…

— Et vous devez avoir été, comme moi, Géronima, horrifiée par cette vengeance de Sammy Raggi qui, se croyant trahi, a voulu liquider Pirief. Heureusement, l'intervention de la police l'a sauvé.

— Horrifiée, c'est le mot Patrice, mais…

— Mais le pire, Géronima, c'est Raggi qui s'est vengé par une odieuse agression sur la compagne de Pirief…

— Elle a fait preuve d'une dignité…

— Je suis d'accord avec vous, Géronima, une dignité et un courage exemplaires quand elle est venue témoigner à la barre.

— Ah, Patrice, voici Pirief qui sort, je vais pouvoir lui poser quelques questions.

— Si vous permettez, Géronima, je voudrais d'abord… Bonjour Alexis Pirief, pourquoi n'avez-vous pas dénoncé plus tôt Raggi ?

— Je ne l'ai dénoncé ni plus tôt, ni plus tard, rectifia Alexis, je ne suis pas une balance, je l'ai dit au tribunal, je le répète ici.

— Et vous l'avez payé par trois mois de purgatoire en prison.

— Quand on a vécu, comme moi, l'enfer avec Raggi, la prison, c'est le paradis. J'ai pu y travailler sur mon nouveau film pour votre chaîne.

— Vous pourriez nous résumer ce film en quelques secondes ?

— En quelques secondes ? Je peux juste donner le titre, *Les Misérables du* XXI*e*, d'après l'œuvre de Victor Hugo. Ce sera un film très audacieux, sans Gérard Depardieu.

— Et quels sont vos projets ?

— Des projets simples d'homme sain, recommencer à courir le matin, épouser ma compagne, pour fonder une famille avec elle et sa petite fille que j'aime comme la chair de ma chair. Le mariage sera célébré dans la plus stricte intimité.

— Oui, bien sûr, dans la plus stricte intimité à la mairie de Trouville le 21 septembre à 11 heures, c'est bien ça ?

Alexis haussa les épaules et descendit une marche. Le présentateur ne se laissa pas impressionner, il restait une phrase qu'il avait promis de placer :

— Une dernière question, vous permettez, Géronima : ce casse dramatique a montré que le gang de Sammy Raggi travaillait en étroite collaboration avec les proches des dirigeants de Revoluzione Corsa. Vous qui comptiez des amis dans ce gang, pouvez-vous nous en dire plus ?

— Des amis ? Non, les seuls pour qui j'avais un peu d'amitié, c'étaient Thaddée Rossi et Augustin Rutali, c'est tout ce que je peux vous dire.

Il haussa à nouveau les épaules et descendit une marche de plus, mais Géronima lui barra le passage :

— Et maintenant la question que se posent des millions de téléspectateurs…

— Géronima, intervint Patrice, nous devons reprendre l'antenne pour le début du match en direct du stade Geoffroy Guichard.

Les téléspectateurs les plus attentifs eurent le temps d'entrapercevoir le rictus vexé de Géronima, puis celui d'Alexis. Il avait eu le temps de placer le clin d'œil sur Depardieu, mais pas celui de dire tout le bien qu'il pensait de son film.

C'était un concept fort : Jean Valjean au XXIe, c'est

Yaman Valyaman, un immigré turc. Il se fait voler son pain de campagne par un policier, Vergeat, lors d'un contrôle d'identité. Révolté, Yaman Valyaman le poursuivra de sa vindicte durant toute sa vie : il le traquera à travers la France, sur fond de grèves, de manifestations, de violences dans les banlieues. Le retentissement du procès avait un peu aidé, les chaînes s'étaient arraché le projet, Alexis avait cédé au mieux disant.

Il héla un taxi et s'en fut seul. Son traitement V.I.P. lui avait permis de recevoir tant et tant de visites en prison ; la seule qui lui avait vraiment manqué, c'était celle de Clara.

Il avait reçu la visite de Philippe Gassier, venu faire son numéro de l'ami douloureux, pour lui reprocher de l'avoir mené en bateau.

— Si tu m'avais prévenu, j'aurais changé la fin du film.

— Quelle fin du film ?

— Dans la fin que j'avais prévue, toute l'équipe de Momo se fait descendre. Et lui part dans le désert du Sahara, sur une moto, abandonné de tous. Il finit par s'y perdre et par mourir.

— Et Sammy, il aimait cette fin ?

— Oui, beaucoup. Je ne sais pas ce qu'il voulait faire de sa vie, mais…

— Il voulait être un bon sujet, rien de plus, le coupa Alexis, et maintenant laisse-moi, j'ai besoin d'être seul.

Il était sans doute en train d'apprendre la mort de Sammy, de prononcer l'oraison funèbre de son ami. Leur histoire était finie, il avait vraiment besoin d'être seul, peut-être de le pleurer. Et Philippe était parti en soupirant, agitant ses bras trop longs et mous.

Il avait reçu la visite de Léo Lebail, venu lui annoncer que le film Taoaya faisait un tabac. Les linéaires des hypermarchés étaient dévalisés par des ménagères hystériques qui achetaient les produits par lots de douze.

Une nouvelle gamme de produits Taoaya allait être lancée. Léo voulait s'assurer qu'Alexis accepterait la réalisation des films publicitaires.

Il avait reçu la visite du cow-boy Marlboro, très fier de lui raconter que les films Noctissimo faisaient rire toute la France ; on en parlait dans les dîners en ville. Des clubs d'aficionados s'étaient créés qui échangeaient sur un forum internet l'analyse des innombrables gags de chaque plan : « Dans la version Noctissimo Longwy, la femme de chambre qui tombe au troisième rang ne porte pas de culotte… »

En le quittant, Alexis lui demanda la permission d'utiliser les décors de l'agence pour une scène de ses *Misérables du XXI*e et Marlboro se rengorgea : « Vous me faites trop d'honneur, évidemment, cher Alexis. »

Il avait reçu la visite de Beverley, venue lui annoncer, tout effervescente, que Léo Lebail allait divorcer pour l'épouser. Ça me ferait tellement plaisir que tu sois mon témoin, dis oui, mon Aliocha. Et son Aliocha accepta, cela pouvait être bon pour sa notoriété.

Elle lui avait glissé dans le creux de l'oreille que l'actrice de tous les prochains films Taoaya, ce serait elle : elle l'avait toujours su, elle était faite pour les rôles récurrents.

Elle lui avait demandé si, sexuellement, ce n'était pas trop dur la vie en prison, les nuits surtout, elle voulait des détails, elle trouvait ça terriblement excitant, je suis sûr que tu penses à moi, mon Aliocha, allez, raconte.

Il avait reçu la visite de son producteur. Adam Roumana lui avait confessé, avec un petit air trop joyeux, qu'il avait fait refaire le montage de *Zoubeida*, dans un esprit hyperexpressionniste, avec la collaboration du jeune Babacar Diop. Il y avait désormais des gros plans sur les regards chaque fois qu'il se passait une scène importante. On commençait le film par la séquence où Zoubeida se dénudait, on avait remonté des prises plus longues, plus fessues. Et le film était ensuite ponctué de multiples flashes-back de cette séquence.

— Ah, avait-il ajouté, trop décontracté pour être honnête, du coup, on a changé le titre. Le film s'appelle désormais *Les plus noirs des seins.* Mais ça reste votre film, même si, évidemment, Babacar Diop l'a cosigné.

— C'est de l'assassinat ! s'était écrié Alexis.

— Non, c'est de la résurrection. Le film commence une seconde carrière du tonnerre. Très bonnes critiques. Dix-huit salles à Paris, et pleines à craquer.

Il avait reçu la visite du lieutenant Panatta venu lui rappeler qu'il restait toujours preneur, pour la call-girl finlandaise. Même s'il fallait payer un petit quelque chose.

Il avait reçu la visite de Thierry Sénéchaud. Le film institutionnel Noctissimo, avec les interviews de directeurs d'hôtel, venait d'être présenté au Festival du film d'entreprise de Biarritz. Il avait séduit par son classicisme, sa sobriété, et allait recevoir le Dauphin de cristal. Sénéchaud voulait qu'Alexis prépare un texte qu'il lirait en son nom, sur l'estrade : « Du fond de la prison où je croupis, moi, Alexis Pirief... »

Il avait reçu la visite du commissaire Viard qui ne lui avait rien annoncé.

— Je veux vous dire que j'ai beaucoup d'admiration pour vous, on n'a jamais fini de vous connaître, vous êtes comme le Bronzé d'Amposta.

— C'est l'un de vos clients ? Un grand truand ?

— Non, c'est une variété d'oignon rouge. Quand on l'épluche, on découvre à chaque couche une nouvelle couleur, presque un nouvel oignon.

Viard était ensuite resté silencieux, immobile. Des trucs de psy pour soutirer des confidences.

— Dites, Pirief, vous m'expliquerez un jour ce que venaient faire les contacts terroristes dans votre grand plan ? Il devait y avoir une raison, mais elle continue à m'échapper.

Alexis avait regardé le bout de ses chaussures durant dix minutes.

— Vous n'êtes pas bavard, avait dit le commissaire en partant.

— Avec vous, tout ce que je dis m'accuse.

— Et moi, avec vous, plus j'accuse, plus je me sens coupable. Vous êtes le gars le plus fascinant que j'aie croisé dans le milieu.

Il avait reçu la visite de Langevin, tout allègre : il avait retrouvé un job comme directeur du marketing chez Vampirella – vous savez, les sous-vêtements féminins, assez… précisa-t-il, rougissant. Il avait en vue des films très osés, et il demandait si Alexis ne pourrait pas les filmer avec tact, quand il sortirait.

Et dans le taxi, Alexis pensait à tout cela avec détachement. C'était à la Centrale de Caen qu'avaient commencé son plongeon, ses avanies ; c'était à la Maison d'arrêt de Fresnes que commençaient son ascension, sa gloire, la vraie, celle qui consiste à triompher aux yeux de ceux qui vous ont cru déchu. Mais il lui manquait encore un succès : la reconquête de Clara.

Sitôt sous les verrous, il avait reçu d'elle une lettre brève lui proposant de reprendre la vie commune dès qu'il serait libre. D'ici là, ils ne se rencontreraient pas : il fallait que le procès rende public l'enfer qu'ils avaient vécu sous la menace de Sammy. Ils seraient alors en sécurité. En attendant, elle restait sous la protection constante de la police.

Le taxi le déposa avenue André Morizet, et Alexis emprunta l'escalier. Il voulait prendre le temps de savourer sa montée vers une vie nouvelle. Quand elle lui ouvrit, il contempla ses yeux adoucis par de petites lunettes à fine monture grise, son visage dessiné par les cheveux bruns qui tombaient sur ses épaules, et il l'aima.

— Tu as changé, dit-il doucement.

— J'ai changé parce que tu as changé.

Il trouva la séquence mélo, mais belle. Clara tomba dans ses bras. Il lui fit jurer qu'ils ne se parleraient plus jamais de cette folle année : c'était une noire parenthèse, presque une autre vie, il fallait l'oublier. Elle jura, et leur vie de couple commença.

Durant les semaines qui suivirent, Alexis fut fréquemment sollicité par les agences de publicité. Tout le microcosme du marketing voulait se vanter de travailler avec le réalisateur qui avait fait de la taule, l'ami des truands, chacun lui demandait des anecdotes qui bien sûr resteraient confidentielles ; et Alexis, complaisant, brodait et affabulait, surtout à la fin des dîners de tournages. On lui proposait des films pour les jus de tomate, pour les motos, pour des bijoux, on lui demandait toujours d'y apporter sa touche hyperexpressionniste. Il disait toujours oui, il demandait des honoraires de plus en plus déraisonnables, ses pubs avaient de plus en plus de succès. Ses anecdotes aussi.

En février, son film *Les plus noirs des seins* fut plusieurs fois nominé aux César, mais il n'en reçut qu'un, celui du meilleur montage. Il partit fêter la chose au Fouquet's avec Adam Roumana et Babacar Diop.

Un peu plus tard, il fut convié à la cérémonie de remise des prix du Club des directeurs artistiques de la publicité pour y recevoir le Prix du Réalisateur de l'année. On rendit hommage au maître du style hyperexpressionniste.

Une fois sur scène, il fit venir Clara qui gravit les marches prudemment, dans une robe un peu ample. Et Alexis annonça que l'œuvre dont il était le plus fier, ce serait celle qui allait naître dans deux mois, un petit Ivan, et il fut très applaudi, surtout par les femmes. Durant le cocktail, il refusa de trinquer au champagne, et demanda un Canada Dry. Il ne buvait plus d'alcool, Clara le lui avait fait promettre.

En octobre, son adaptation *Les Misérables du XXI*e lui valut plusieurs succès aux 7 d'Or de la télévision : meilleure œuvre de fiction, meilleur réalisateur, meilleur scénariste. Il reçut chaque trophée avec un sourire modeste, et on s'extasia sur les gros plans de regards avant chaque scène dramatique.

Le film fut rediffusé et on porta aux nues la séquence d'anthologie dans laquelle Yaman Valyaman barbouillait de ketchup les murs kaki et bleu ciel d'une agence de publicité sous le regard atterré d'un directeur en T-shirt Marlboro. Certains critiques y virent un simple choc esthétique, d'autres une dénonciation de tous les pouvoirs – enfin, c'était évident, le rouge du sang, le kaki de l'armée et le ciel des religions. *Libération* en fit une analyse lacanienne, le ka de ketchup et le kaka de kaki. Un paragraphe avait sauté, rendant l'article incompréhensible, mais nul ne le remarqua.

Était-ce cela le bonheur ? Alexis ne le savait pas, mais rien n'y manquait. Rien, sinon le vague regret de ne jamais avoir tourné le film très exact sur la vie de Sammy. Rien, sinon Sammy.

30. Torokorobougou

Le petit Ivan marchait depuis plusieurs mois, mais il y avait trop de passants sur les planches de Trouville en ces jours de juillet : Alexis le promenait donc dans sa poussette, donnant le bras à Clara. Elle était à nouveau enceinte, depuis trois mois, et sentait quelques tiraillements ; elle devait se monter prudente. Elle ne pouvait plus l'accompagner au golf de Saint-Gatien quand il partait faire ses neuf trous.

Ils marchaient doucement. Ils étaient sereins et beaux, et souriaient à l'horizon comme s'ils posaient pour une couverture de *Gala*.

Ils virent de loin Estelle qui les cherchait. Elle arrivait du Poney Club et avait gardé sa bombe sur la tête, un petit snobisme pardonnable pour une demoiselle qui allait sur ses douze ans. Estelle tenait deux enveloppes à la main, elle était passée par la maison – car Alexis avait acheté une maison dans le vieux Trouville.

— Daddy !

Elle l'appelait maintenant Daddy, et cela ne déplaisait pas à Alexis.

— Daddy, il y a une lettre du Mali pour toi. Tu me garderas le timbre ?

Ce n'était pas une lettre, c'était une carte postale dans une enveloppe. Au recto, une pirogue à voile sur le Niger. Au verso, un texte très court : « Veux-tu venir me voir au Mali ? Ça me ferait plaisir. Appelle-moi. Ton ami. » Puis une signature, *Sammy*, et un numéro de téléphone.

Il la tendit à Clara qui la lut.

— Il est vivant, conclut-elle doucement.

Alexis l'observait, essayant de percevoir l'émotion ou le sentiment qui envahissait sa femme. L'absence d'émotion était-elle un sentiment ?

— Qu'est-ce qu'on fait ? relança-t-il.

Il n'y avait là ni soumission ni dépendance : toutes les décisions importantes étaient prises en commun. Celles d'Alexis surtout.

— Moi, je ne peux pas, le gynéco dira non, le vol serait bien trop long. Et c'est toi qui es invité, pas moi. Fais comme tu veux. De toute façon, tu ne risques plus rien, depuis la villa grise...

On en avait beaucoup parlé dans les médias : la villa grise était, *avait été*, une grande bâtisse, à l'entrée de Corte. Il n'en restait plus rien. Tout avait disparu, murs et occupants, elle avait été volatilisée quelques mois plus tôt, alors que tous les dirigeants de Revoluzione Corsa s'y trouvaient réunis : une bombe artisanale que préparait un de leurs hommes avait explosé à la cave.

Il y avait eu aussi cette fusillade dans une ruelle de Marseille, entre trafiquants de drogue. On avait trouvé le cadavre de Théo Rossi, le frère aîné de

Thaddée, qui portait sur lui une vingtaine de grammes de coke. Rossi n'avait laissé comme famille que deux parents éplorés et gâteux.

Juste après ces deux événements, Alexis et Clara avaient mis le deuxième bébé en route. Chacun s'était demandé pourquoi l'autre en avait eu une telle envie – peut-être pour se prouver qu'il y avait mieux que la peur pour cimenter leur couple.

— Alors ? reprit Clara.

Alexis regarda son fils, le ventre rond de Clara, puis la pirogue de la carte qui semblait lui dicter la réponse : instable, fragile, prête à changer de cap au moindre coup de vent, elle quittait les eaux tranquilles du fleuve pour gagner le port de Bamako couvert de nuages sombres. Il irait bien sûr au Mali.

Ce qui le décevait, ce qui le retenait presque, c'était la réaction de Clara, ou son absence de réaction. Comme si Sammy n'avait été qu'un vieux copain de régiment d'Alexis, comme si les deux bébés avaient refermé et muré la parenthèse. Clara ne semblait même pas s'inquiéter d'une escapade d'Alexis. Elle aurait pu le supplier de rester, l'inciter à la prudence. Non, elle paraissait accepter le retour d'un fatum qui ne la concernait plus.

— Je crois que je vais remettre le doigt dans l'engrenage, répondit-il.

Il avait voulu lui laisser une dernière chance de protester, mais Clara voûta les épaules sans même les hausser. Ils rentrèrent, maussades, à la maison.

Alexis appela. Une femme à la voix éteinte décrocha après plusieurs sonneries :

— Geneviève Amir, bonjour.

— Je voudrais parler à Sammy, je suis Alexis, un ami à lui.

— Ah, je suis au courant, Régis m'avait prévenu.

— Régis ?

— Mon mari. Régis Amir, Sammy si vous préférez.

— Je peux lui parler ?

— Non, il est parti au dispensaire.

— Rien de grave, j'espère ?

— Des petits soucis de bébé.

Elle ne lui laissa pas le temps de s'en inquiéter, elle lui donnait déjà les horaires des vols pour Bamako : ce devait être une bonne secrétaire, tout semblait avoir été organisé pour l'arrivée d'Alexis. Il annonça sa venue dans trois jours, pour un séjour d'une demi-semaine.

Sammy marié ! Sammy avec un bébé ! Serait-ce encore Sammy ? Il alla trouver Clara qui se reposait sur le lit.

— Je pars vendredi soir, je rentre mardi dans la nuit, annonça-t-il.

— Tu lui as parlé ?

— J'ai eu sa femme. Il n'était pas là, il avait une histoire de bébé.

Et il sortit très vite car le regard de Clara s'embuait.

L'attente des bagages avait été longue à l'aéroport de Bamako-Sénou, et la nuit était tombée quand Alexis sortit. Une femme d'une quarantaine d'années l'attendait avec un panneau de carton à son nom. Elle n'était pas vraiment laide, encore moins belle. Une tête rougeaude et maussade de paysanne auvergnate, de femme de devoir.

Elle lui fit échanger quelques banalités sur le voyage, et l'entraîna vers une vieille Méhari sur laquelle était peint un nom, en grosses lettres : *Cosette*.

— Régis avait une visite de l'inspection sanitaire, mais il sera là quand nous arriverons, lui dit-elle.

— Sammy se fait appeler Régis, maintenant ?

— C'est devenu son vrai nom. Ses papiers sont au nom de Régis Amir. L'autre nom était impossible à porter, vous comprenez, avec ses histoires.

Alexis était déjà venu à Bamako pour le tournage de *Zoubeida l'Africaine*, mais la route lui semblait changée. C'était la même voie express, avec les mêmes encombrements de scooters et de mobylettes, les mêmes piétons qui traversaient en courant, la même touffeur de l'air, les mêmes cris. Mais la conduite de Geneviève rendait tout cela moins joyeux. Elle conduisait les lèvres serrées, se frayant un chemin à petits coups de klaxon autoritaires, insultant les réfractaires à voix rentrée.

Elle tourna juste avant le pont de Bamako, et longea le Niger :

— Nous n'allons pas à Bamako même, mais à Torokorobougou..

Que répondre à une inconnue qui vous emmène à Torokorobougou ? Alexis n'osait pas parler à cette femme sèche, il avait peur d'être puni.

— Il va être content de vous voir, il vous aime beaucoup. Vous avez beaucoup d'influence sur lui, affirma Geneviève.

Alexis se raidit : elle n'allait pas lui faire le plan du commissaire Viard !

— Vous savez, les histoires de Sammy, je n'y suis pour rien, il a dû vous le dire.

— Évidemment que vous n'y êtes pour rien. Vous êtes réalisateur, et lui il avait un commerce de motos !

Et comme Alexis affichait une mine surprise, elle déballa tout d'une petite voix haletante, comme si elle confessait les péchés d'un autre.

Geneviève était au courant de tout : elle savait que son mari, depuis toujours, maquillait et revendait des motos accidentées. Il avait refilé au fils d'un parrain du milieu un engin dont la fourche tordue et redressée s'était cassée sur l'autoroute, la colonne vertébrale du conducteur aussi : le gamin finirait sa vie dans une chaise roulante. Le père et ses hommes voulaient la peau de Sammy, c'était pour ça qu'il s'était réfugié au Mali avec elle. Et Geneviève semblait heureuse de raconter ça avec des airs de femme traquée.

Un camion en panne barrait le carrefour. Elle en sembla excitée, comme si elle allait en profiter pour se libérer :

— C'est pour ça que Régis est venu ici, pour tourner la page, pour se racheter.

Alexis poussa un long soupir de spectateur à l'opéra. Allait-il tenir quatre jours avec Geneviève ? Depuis combien de temps Sammy tenait-il ?

— Et moi aussi, ajouta-t-elle.

— Vous aussi quoi ?

Il savait bien qu'il ne fallait pas poser la question, elle n'attendait que ça, cette illuminée.

Elle aussi voulait se racheter. Elle raconta d'une voix saccadée son histoire, et Alexis l'écouta gravement en se retenant de rire. Geneviève avait été religieuse, travaillant comme infirmière. Elle avait quitté les ordres pour partir avec un homme qui l'avait abandonnée quand elle était tombée enceinte. Elle avait préféré avorter, ça s'était mal passé...

Le camion avait été dégagé, la Méhari était repartie, Geneviève pleurait en reniflant, elle n'avait pas de mouchoir. Et Alexis regardait le bord de la route, il ne fallait pas qu'elle le voie pouffer. On entrait dans une zone moins dense, une suite de terrains vagues, de petits bidonvilles.

— C'est juste après ça que j'ai connu Régis, acheva-t-elle en reniflant. Et nous avons décidé de partir au Mali.

— Voyez le bon côté des choses, lui dit-il d'une voix de roman-photo. Maintenant, vous avez fondé une famille, vous avez un bébé.

— Un bébé ? Vous n'avez pas compris quand je vous ai raconté mon avortement ? Ça s'est mal passé, je ne pourrai plus jamais avoir d'enfants.

Elle donna quelques précisions d'une voix

alouvie : elle était répugnante, à déballer ses histoires d'ovaires et d'utérus. Alexis exécrait les viscères.

— Mais vous m'avez dit qu'il avait conduit un bébé au dispensaire.

— Ce n'est pas mon bébé, c'est un bébé de Cosette.

— Cosette ? Qui c'est, Cosette ?

— C'est ça, dit Geneviève en klaxonnant devant un portail.

Alexis regarda la longue muraille de briques ocre, le portail haut et sombre, le panonceau posé à son sommet : « COSETTE, orphelinat mixte ».

Sammy vint ouvrir. Sa chevelure était ondulante, blonde, et son corps grassouillet. Mais le plus triste, c'était son visage doré et souriant. Pire encore, gentil.

Sammy serra son ami contre lui, et ce contact gêna Alexis.

D'une voix tranquille, à peine fière, comme s'il avouait s'être mis au régime, Sammy lui expliqua alors qu'il avait créé cet orphelinat avec Geneviève. Tout l'argent des casses y avait été investi. Il avait choisi le Mali parce qu'il fallait bien aller quelque part : il s'était souvenu de *Zoubeida l'Africaine.*

— On s'en parle demain, d'accord ? Là, on va faire la fête. C'est moi qui ai préparé le dîner.

La fête dans un orphelinat avec Geneviève, Alexis en eut un frisson. Sammy l'entraîna vers une petite maison au milieu de grands corps de bâtiments en U. La construction était pauvre, la décoration d'un goût affligeant : de la pacotille, de l'art nègre pour touristes, quelques images pieuses. Alexis entrevit que la soirée serait trop gaie, trop longue. Sinistre.

— Qu'est-ce que tu bois, du vin, de la bière ? demanda Sammy en l'entraînant vers la table.

— De l'eau ou du jus d'orange, je ne bois plus depuis le jour où Clara a attendu notre bébé, elle me l'a fait promettre.

— C'est une bonne chose, Alexis. Elle a bien fait. Elle t'a tout dit ?

— Elle m'a tout dit quoi ?

Sammy ne répondit pas, il se leva pour aider Geneviève à faire le service. Et ce petit substrat de mystère entre Sammy et Clara empoisonna la soirée.

Son hôte semblait décidé à faire d'Alexis le héros du dîner, il s'efforçait de le valoriser aux yeux de Geneviève. Il le faisait parler de ses films, de ses voyages, de la publicité, et semblait trouver extraordinaire tout ce que son ami contait avec un sourire désabusé. Alexis avait l'impression de dîner chez des cousins de province.

À la fin du repas, Geneviève déclara qu'elle allait les laisser entre hommes.

— Elle est bien, hein ! dit Sammy après son départ. C'est grâce à toi que je l'ai rencontrée.

— Grâce à moi ? Comment ça ?

— Par agence matrimoniale, c'était plus simple. J'ai suivi ton conseil, j'ai cherché une fille qui ait de la religion. Ne la juge pas sur les apparences, c'est une fille formidable. Tu avais raison, elle m'a transformé. Elle me rend heureux.

Il fixa Alexis avec une amitié indiscrète :

— Et toi, avec Clara, ça va ?

Alexis hocha la tête, d'un air pénétré.

— Tu la rends heureuse ? C'est bien.

Alexis avait encore hoché la tête. De quoi se mêlait-il ce type ?

— Vous devez souffler, depuis l'explosion de Corte, non ?

Sammy avait demandé ça avec un petit sourire complice, et Alexis eut soudain l'impression de retrouver le vrai Sammy. Le dégoulinant Régis s'était volatilisé, son ami était revenu.

— Corte, c'était toi ? Et pour le frère Rossi aussi ?

Sammy hocha à son tour la tête, avec le même air pénétré.

— Je peux très bien travailler tout seul, dit-il simplement.

Geneviève revint, la récréation était terminée. Ils allèrent tous trois goûter le frais de la nuit sur la terrasse.

Sammy toussa légèrement et quitta son fauteuil en rotin. Tournant le dos à Alexis, il déclama doucement, face à l'horizon :

Oh ! contemplez le ciel ! et dès qu'a fui le jour,
En tout temps, en tout lieu, d'un ineffable amour,
Regardez à travers ses voiles ;
Un mystère est au fond de leur grave beauté,
L'hiver, quand ils sont noirs comme un linceul, l'été,
Quand la nuit les brode d'étoiles.

— C'est de Victor Hugo, conclut-il en se retournant vers son auditoire. Dans *Les Feuilles d'automne.*

— Régis me récite souvent du Victor Hugo, le soir, ajouta Geneviève avec un sourire benoît.

Et Alexis comprit que le séjour serait une épreuve plus âpre qu'il ne l'avait imaginé. Il lui fallait reprendre des forces pour l'affronter : il annonça qu'il tombait de sommeil.

Sammy l'accompagna. Ils traversèrent un long salon. Le mur du fond était occupé par une bibliothèque qu'Alexis parcourut du regard : tout Victor Hugo était là. Les romans, le théâtre et l'œuvre poétique. Il y avait aussi tout Maupassant, mais les livres paraissaient neufs. Et quelques livres religieux.

— C'est une chambre très simple, on la réserve aux volontaires des ONG, quand il en vient. La salle de bains est en face, nous sommes juste à côté, annonça Sammy.

La pièce était petite et rustique. Un bac d'eau froide, une table de nuit sur laquelle une âme attentionnée avait posé une bible. Alexis s'endormit rapidement. Au milieu de la nuit, il entendit des feulements : Sammy et Geneviève faisaient l'amour dans la chambre voisine. Et Alexis eut la certitude que Geneviève avait lancé la bruyante entreprise pour mieux affirmer son emprise sur Sammy. Sur Régis.

Le matin, des cris d'enfants réveillèrent Alexis. Il se doucha rapidement. La tablette de la salle de bains était monacale, un savon, un dentifrice, un shampoing : comment Sammy pouvait-il ne pas regretter Clara, ses crèmes, ses lotions, ses mystères féminins ?

Geneviève l'attendait dans la salle à manger. Elle lui proposa un café. Elle était propre, sérieuse. Il émanait de cette femme une vertu proche de l'eau de Javel.

— Régis est parti chez le garagiste faire fabriquer une tringle de changement de vitesse, la nôtre saute tout le temps. Ça ne durera pas longtemps.

Que peut-on répondre à une femme qui parle de tringle de changement de vitesse ? Alexis se demanda comment faisait Sammy.

— J'ai entendu que vous aviez des enfants, demanda-t-elle, doucereuse.

— Deux. Une fille, un garçon. Le troisième est en fabrication.

— Nous en avons plus de soixante-dix. Filles et garçons. Avec plus de moyens, on pourrait aller jusqu'à la centaine. Régis se crève pour trouver en France des subventions, des dons, mais ça ne se dégote pas comme ça. Il vous a parlé de mon projet ?

Alexis secoua la tête d'un air absent. Cette femme lui faisait peur, il sentait venir un danger.

— Mon idée, poursuivit-elle, avec un sourire engageant, c'est de chercher en France des couples généreux qui puissent chacun adopter un de ces enfants. Pas vraiment l'adopter, mais prendre en charge chaque mois sa nourriture, son éducation. Quand l'enfant adopté atteindrait l'âge adulte, il irait retrouver ses parents adoptifs chez eux pour les remercier. Là, ils pourraient lui donner un coup de main, l'aider à s'installer en France, lui trouver du travail. Ce serait bien, non ?

Non, ce ne serait pas bien, et Alexis eut presque le courage de le lui dire.

— Je ne peux pas juger, je n'y connais rien.

Le « Bon, je vais réfléchir. Pourquoi pas ? » aurait été bien trop hasardeux. Mais il en fallait plus pour décourager Geneviève :

— Ce qu'il faudrait, c'est quelqu'un qui puisse coordonner tout ça en France. Quelqu'un qui ait des relations, pour trouver des parents-parrains – c'est comme ça qu'on les appellerait –, qui les relancerait en cas d'oubli d'une mensualité. Quelqu'un d'un peu médiatique, idéalement. Qu'est-ce que vous en pensez ?

Alexis sentit l'engrenage qui entraînait sa main, son bras, il lui fallait vite se dégager et ne voyait pas comment. Le portail s'ouvrit, Sammy arrivait, avec un affreux sourire débonnaire. Alexis se leva pour l'accueillir.

31. Cité de la joie

Ils marchaient côte à côte, tournant en rond dans la grande cour centrale du bâtiment, ne sachant par quel sujet commencer la conversation. Geneviève était partie jouer à la maîtresse d'école avec les petits, et les grands s'ébattaient dans la cour ; ensuite, ce serait le contraire.

Sammy lui montrait parfois du doigt un enfant, comme un éleveur aurait pointé ses plus belles vaches : « Lui, c'est un très bon footballeur, je suis sûr qu'il finira professionnel en France. Cette petite-là, elle a une voix magnifique, tu verras, elle chantera pour nous le bénédicité ce midi. Lui, là-bas, il est très doué de ses mains, il n'a que onze ans, il sait déjà poser le carrelage. » Sammy n'avait que des prodiges.

Alexis restait impassible. C'était évident, on essayait déjà de lui refiler un enfant. Sammy passait de groupe en groupe, les gamins l'appelaient en riant. Il y avait dans tout cela un bonheur paisible. Une vision de cauchemar.

— Tu as aimé, la poésie, hier soir ? demanda Sammy.

Le pauvre, il ne disait pas le poème, il disait la poésie. Alexis grogna, c'était déjà beaucoup.

— Si tu veux, annonça Sammy, prometteur, j'en réciterai une autre ce soir. Du Victor Hugo, encore. Je commence à vraiment bien le connaître. On pourra en parler au dîner.

Un dîner littéraire ! Le souvenir des effroyables soirées était revenu. Avec Geneviève en prime ! Elle lui préparerait peut-être même de la cuisine malienne. Alexis en eut un frisson que Sammy ne remarqua pas :

— Je lis beaucoup, Alexis. Je cherche des textes qui ont une influence sur moi, qui changent ma façon de voir la vie. C'est ça que j'aime, dans la littérature. Même si, je le sais bien, je ne serai jamais aussi cultivé que toi.

— Oh, je suis cultivé, sans plus. Ma vraie culture, c'est dans le cinéma.

— Le cinéma, c'est de la culture ?

Sammy avait lancé ça avec douleur, comme s'il eût découvert qu'on avait organisé sans lui une réunion de famille.

— Pourquoi tu ne me l'as pas dit plus tôt ? On aurait pu passer des soirées formidables à en discuter. Je m'y connais, en cinéma.

Le visage d'Alexis se ferma. Il fallait vite mettre fin à cette conversation. Mais Sammy ne semblait pas le comprendre, il poursuivit, exalté :

— Si tu veux, à table, on causera de cinéma. Fellini, Kurosawa, tout ce genre-là, ça me plaît beaucoup. Luc Besson, aussi.

— Oui, bien sûr, pourquoi pas ? approuva mollement Alexis. Il n'avait plus envie de parler de quoi que ce soit avec ce Sammy-là.

Ils ruminèrent cet échange pendant près d'un tour de cour.

— Et puisqu'on en parle, on pourrait le faire, maintenant, notre film ? demanda enfin Sammy.

— Je ne crois pas. Je te fais de la peine ?

Sammy resta longtemps silencieux et déglutit comme s'il avalait un chagrin.

— Bien sûr, Alexis, tu t'en doutes. Et qu'est-ce qui cloche, dans le scénario ? Pas de faits marquants ?

— Si, presque trop. C'est la fin qui me gêne, ça fait trop *Cité de la joie*.

— Ttt, ttt, tu juges trop vite, je ne t'ai pas tout expliqué, je t'en causerai demain, tranquillement.

Alexis comprit qu'il lui fallait partir très vite, il ne voulait pas de demain, pas de parrainage : il voulait faire comme Clara, oublier Sammy pour toujours.

— Tu sais, reprit Sammy, notre idée, à Geneviève et moi, c'est un peu grâce à toi : Cosette, c'est la conclusion logique des *Misérables.* Ce qui manque, c'est les moyens. Jean Valjean, il avait de la fortune, moi j'ai déjà dépensé toute la mienne. J'essaie de trouver des financements en France, mais…

Un gamin s'était écorché en tombant, et Sammy partit désinfecter la plaie. Quand il revint, Alexis sortit ostensiblement son téléphone et en fixa l'écran, l'air contrarié.

— Je vérifie si on ne m'a pas laissé un SMS : on devra peut-être avancer la réunion de préproduction pour mon prochain film télé, *Crime et Châtiment du*

*XXI*ᵉ. Dans ce cas, il faudrait que je sois à Paris demain après-midi. Mais normalement, il n'y a rien à craindre.

— Ah, tu continues à faire des films pour la télé !

Sammy avait dit ça d'un ton peiné, comme si Alexis eût continué à boire.

— J'ai vu tes *Misérables du XXI*ᵉ, sur TV5. J'ai été déçu, c'est moins bien que le livre.

— Tu ne peux pas comprendre, Sammy. C'est la France d'aujourd'hui que j'ai voulu montrer.

— Oui, justement, tu ne l'as pas filmée de façon exacte. Ce n'était pas comme dans *Zoubeida* ; c'était comme dans ton film de pub.

Geneviève sonna la cloche.

— C'est mon tour, soupira Sammy, je vais faire l'école aux grands.

— Qu'est-ce que tu leur enseignes, Victor Hugo ?

— Non, dit Sammy, désolé, seulement des métiers manuels.

Tandis que Sammy s'éloignait, Alexis eut la certitude qu'il ne le verrait plus jamais. Ce n'était même pas une certitude, c'était une décision. Pour le quitter sur une bonne impression, il lui lança :

— Tu sais, Sammy, je ne te l'ai jamais dit, mais les livres qu'on aime vraiment, on a du mal à en parler. C'est pour ça, que …

— Ah, il y a donc tant de livres que tu aimes vraiment !

Sammy lui lança un regard affligé, et Alexis s'éloigna très vite. Il demanda à Geneviève d'appeler un taxi pour aller visiter Bamako. Il voulait fuir. Il ne supportait déjà plus cette cour et son ambiance de poisseuse bonté.

Arrivé dans le centre-ville, il appela Geneviève pour annoncer qu'il ne reviendrait pas avant le dîner. Il trouva un restaurant *Champs-Élysées* et il y déjeuna : le nom lui paraissait rassurant, il se sentait déjà de retour à Paris. Il traîna, entre le grand marché et celui des artisans, il alla s'ennuyer dans les quartiers populaires. Il ne regardait que sa montre.

Il revint à Cosette en début de soirée et demanda au taxi de l'attendre. Dans la cour, Geneviève dirigeait les plus jeunes qui étendaient le linge :

— Sammy n'est pas là ?

— Il est allé conduire les plus grands aux travaux agricoles : l'orphelinat possède des champs à la sortie de la ville.

Alexis prit sa mine consternée :

— J'ai reçu un SMS, il faut que je parte dès ce soir : j'ai une réunion de travail avancée à demain. Ne vous tracassez pas, j'ai mon taxi.

Mais Geneviève assura qu'il n'en était pas question, elle le conduirait. C'était le genre de femme qui rendait service pour emmerder les gens.

Un peu plus tard, ils roulaient sur la voie express, toujours aussi embouteillée.

— Avec tout ça, dit Geneviève d'un petit air réprobateur, on n'a pas eu le temps de parler des parrainages. Vous seriez très bien pour organiser tout ça, en France. Vous avez réfléchi ?

— *Nous allons* y réfléchir, ce n'est pas une décision qu'on prend tout seul, c'est une décision de couple.

— Vous pourriez simplement financer quelques enfants. Ne serait-ce qu'un ou deux.

— Je vais voir, mais ce serait irresponsable de m'engager à la légère ; mes revenus sont très variables.

Elle lâcha un soupir mécontent, et Alexis y perçut une haleine moisie.

— Eh bien, vous pourrez au moins prier pour nous.

— Je ne suis pas croyant.

— C'est dommage que Régis n'ait pas eu d'influence sur vous. Il est très croyant, lui. Presque trop : il lit aussi le Coran, la Torah. Mais c'est quand même à la messe que nous allons le dimanche.

Alexis laissa peser un long silence qu'il ne rompit qu'en vue de l'aéroport :

— Je suis vraiment désolé, vous le direz à Sammy ?

— C'est lui qui sera désolé. Il avait bloqué toute sa journée de demain pour parler tranquillement avec vous.

— Oui, c'est idiot, cette réunion. J'espère que Sammy ne m'en voudra pas.

— Non, il m'avait prévenu que vous étiez toujours comme ça.

Quand elle le déposa, Alexis lui lança :

— Merci. La prochaine fois que Sammy viendra à Paris, ce sera mon tour de le raccompagner à l'aéroport !

Il l'avait promis d'autant plus gentiment qu'il n'avait pas de voiture. Elle sembla le deviner et lui répondit, renfrognée :

— Ce sera difficile : quand Régis va chercher des subventions en France, il repart toujours par Amsterdam, il a de gros donateurs là-bas.

Alexis resta pétrifié sur le trottoir :

— Au retour, il passe toujours *par Amsterdam* ?

— Oui, et il est souvent un peu bizarre en rentrant.

Un policier siffla pour faire circuler la Méhari, et Geneviève obtempéra sans un sourire.

Par Amsterdam ! C'était donc ça les subventions, c'était la fin du film que Sammy voulait expliquer à Alexis. Sammy était resté Sammy.

Alexis y pensa longuement dans l'avion. Il finit par s'endormir en se disant qu'il n'avait plus besoin de Sammy Raggi pour faire le film sur Sammy Raggi.

Dans leur nouvel appartement à Boulogne, Alexis et Clara avaient gardé pour eux une petite pièce qui servait de bureau.

Alexis y avait accroché le tableau à la manière de Miró : Clara avait paru contrariée, elle voulait s'en défaire. Mais Alexis avait insisté : il aimait écrire en fixant ce tableau. Quand il peinait sur un dialogue, le portrait semblait lui en dicter les mots.

Car Alexis avait besoin d'inspiration : il travaillait à son scénario sur la vie de Sammy. Il voulait en faire un film très exact, non pour faire plaisir au truand, mais parce que l'écriture lui en paraissait plus intéressante. Ce serait façon *Zoubeida.* Le film ne serait pas tout à fait exact, puisqu'Alexis y inclurait de passionnants dîners littéraires entre Sammy et lui. La difficulté était de les rendre passionnants. Bien entendu, Victor Hugo en garderait la vedette, et Alexis y ferait découvrir à Sammy toute la richesse du personnage de Jean Valjean ; ce serait lui qui propulserait Sammy vers son nouveau destin. Et, à la fin du film, on découvrirait comment Sammy finance ses œuvres, par de petits casses menés en père tranquille.

Alexis y travaillait de façon épisodique, sans fièvre. Clara s'y intéressait plus que lui, comme si elle cherchait à découvrir un Sammy qu'elle n'aurait pas connu. Quand Alexis lui avait raconté son voyage à Bamako, elle avait paru déçue par cette vie de missionnaire menée avec Geneviève. Mais à la fin, son œil s'était illuminé, lorsqu'Alexis lui avait parlé des retours par Amsterdam, et du financement de Cosette.

Et Alexis se demandait si Clara n'avait pas aimé en Sammy que le frisson de l'interdit. Elle avait probablement été élevée par sa mère de façon trop vertueuse, trop attentive, elle avait parfois besoin d'incursions aux confins de la morale, besoin de grosses bêtises, et Sammy avait été la plus grosse. Elle l'avait aimé follement, puis elle était revenue à la raison : elle serait à son tour une mère attentive et vertueuse. La raison, il fallait maintenant que ce soit son mari.

Alexis apprit la nouvelle deux mois plus tard, en écoutant la radio à bord d'un taxi : un certain Régis Amir avait trouvé la mort lors d'une agression armée, dans une joaillerie d'Armentières, près de Lille. La journaliste racontait ça, d'une petite voix indignée, à tout hasard : alors que le malfrat remplissait son sac à dos, tenant la grenade d'une main, le joaillier, qui pratiquait le karaté, l'avait jeté à terre. Dans la bagarre, la grenade dégoupillée avait roulé. Le joaillier et sa femme avaient pu fuir. La porte du fond du magasin s'était alors ouverte : leur petite fille, attirée par le bruit, était descendue. Le truand avait juste eu le temps de se jeter sur la grenade une seconde avant son explosion. La petite fille était saine et sauve.

— Il a eu ce qu'il cherchait, commenta sentencieusement le taxi.

Alexis fut frappé par la profondeur de la réflexion : quand Sammy avait plongé sur la grenade, avait-il pensé à sa mort, ou à la fin du film ?

Alexis composa le numéro de Clara sur son portable.

Elle écouta la nouvelle calmement. Sans autre réaction qu'une voix qui se fêlait. Et Alexis se demanda si, pour elle, Sammy n'était pas mort depuis longtemps. Peut-être lui avait-il fallu cela pour aimer Alexis. Il ne le saurait jamais.

Il appela Adam Roumana et lui annonça qu'il déposerait chez lui dans quelques jours un projet de film. Un synopsis, le séquencier, des dialogues. Un truc chaud.

Le lendemain, la police découvrit la véritable identité de Régis Amir, et la nouvelle fut amplement commentée dans les médias. On reparla de Sammy Raggi et du réalisateur qu'il avait persécuté. Alexis lisait et écoutait ces échos avec ravissement : la campagne de presse de son film commençait avant même le tournage.

— Vous allez à l'enterrement ?

Le commissaire Viard demandait cela à Alexis au téléphone, d'une voix innocente, et expliquait qu'il irait, lui, mais à titre personnel. Ça se passerait à Lomme, dans la banlieue de Lille. L'enterrement se ferait dans la plus grande discrétion, afin d'éviter les débordements médiatiques. Alexis en fut outré : de quel droit ce flic voulait-il gérer les débordements médiatiques ? Il répondit d'un ton recueilli : « Je comprends. »

S'il voulait faire un film très exact, ce serait peut-être bien ainsi : une belle chute, le cercueil qu'on mène au cimetière désert, en la seule présence d'un flic qui l'avait traqué toute sa vie. Avec un peu de brume automnale, le plan de fin serait superbe.

— D'après ses papiers, poursuivait Viard, Sammy vivait au Mali, mais l'adresse indiquée est périmée. On a demandé aux collègues maliens de vérifier ça, ils tardent à répondre. Vous qui le connaissiez bien, il avait peut-être là-bas une compagne, un ami intime qu'on pourrait prévenir ?

Alexis entrevit la silhouette pataude de Geneviève dans l'allée brumeuse du cimetière, ses larmes sur son gros visage vermillon, ses prières devant la fosse. Non, cette nonne accablée n'allait pas lui gâcher ce plan de fin.

— Pas que je sache, commissaire. Moi, je vais essayer de me libérer, je ne garantis rien, j'ai plein de réunions. *Fully booked.*

Alexis avait dit ça en regardant la page blanche de son semainier. Pourquoi n'allait-il pas à cet enterrement ? Il ne savait pas. Sans doute par crainte de rater cette dernière rencontre avec Sammy, comme tant de précédentes. Il préférait imaginer ce plan de fin. Son ami comprendrait.

Alexis ne sut jamais si Sammy avait compris. Ni s'il aurait aimé le plan de fin. Alexis découvrit un peu plus tard l'image dans le journal ; on y voyait une photo presque conforme à ce qu'Alexis avait imaginé. Il y avait bien la brume, l'allée de gravillons sinistre, et deux personnes suivaient le cercueil : le commissaire Viard et cet ahuri de Philippe Gassier.

Et dans un petit pavé, le scénariste expliquait impudemment qu'il avait été un intime de Sammy Raggi : il avait même collaboré avec lui sur un projet inachevé de film, une sorte d'autoportrait.

Quelques jours plus tard, on découvrit l'existence de Cosette, de Geneviève et des soixante-dix orphelins que laissait Sammy. De la passion de son ami pour Victor Hugo, pour *Les Misérables* : cette gourde de Geneviève avait déballé ça sans pudeur, trop contente de se faire de la publicité. Les médias avaient envahi Torokorobougou. Ils en revenaient avec plein de photos de petits Noirs en deuil, de petites filles au regard triste, d'orphelins à adopter. Plein de clichés aussi : le bandit au grand cœur, le Jean Valjean de notre siècle, le Robin des bois.

Tout cela sans un mot sur Alexis, c'était odieux.

— J'ai lu votre projet, il y a de bonnes choses, c'est un bon sujet. Très chaud, vous avez raison, médiatisé avant même d'être tourné. On pourra reverser 10 % des entrées à Cosette au-delà des cent mille premières, ça fera venir plus de monde. Mais y a quand même des trucs à revoir, déclara Adam Roumana en se grattant l'entrejambe.

— C'est simplement un film biographique très exact, corrigea Alexis.

— Justement, il faut donner au public exactement ce qu'il attend, l'histoire vraie. Pourquoi la compliquer ? C'est quoi, ces séquences où le héros parle de littérature au restaurant avec vous ? Où êtes-vous allé chercher ça ? On n'en a jamais parlé nulle part, ni pendant votre procès, ni dans les médias. Ça sonne faux. Et c'est scolaire, emmerdant. Il faut me couper ça.

— C'est quand même vrai, bougonna Alexis.

Adam se leva pour se gratter plus dignement, vint s'asseoir au côté d'Alexis et passa sur ses épaules un bras affectueux enveloppé d'un halo de transpiration. Il feuilletait le scénario, s'arrêtait sur des pages qu'il avait raturées de rouge :

— Le problème, dans ce scénar, c'est que vous voulez vous incruster dans l'histoire. Ça complique. Et quand vous vous mettez en scène, forcément, vous vous valorisez, c'est humain.

Il raccompagna Alexis à la porte :

— Ah, il y a un dernier truc qui pue, dans votre truc : j'ai l'impression que vous voulez me refaire du *Zoubeida*. Pas de ça, hein ! Vous me faites du bon film bien carré, du rythme, des regards comme vous savez les faire.

Alexis se contenta d'un : « Pourquoi pas ? Je vais réfléchir. Pourquoi pas ? »

— Vous tenez un scénario typiquement américain : un truand qui fait des braquages visuellement très forts. Il rencontre un intello qui lui parle incidemment des *Misérables*. Illumination du gars, il part ouvrir un orphelinat au Mali, et le finance par de jolis petits casses, il meurt comme un saint. Vous me faites ça façon Spielberg, et c'est le jackpot !

Un film à l'américaine ! Alexis se leva, il se sentait souillé par cette rencontre, il avait envie de se gratter lui aussi.

Alexis travailla sur son scénario plusieurs semaines. Mais plus il y travaillait, moins il avait envie de le modifier. Il était en position de force, le temps jouait en sa faveur. Alexis tenait le film de sa vie, il n'allait pas laisser Roumana poser ses sales pattes dessus.

32. Clap de fin

La porte de la grille du cimetière se refermait, deux silhouettes s'éloignaient dans la brume. Celle-ci s'épaississait dans un surprenant fondu pour découvrir le visage du héros estompé dans les nuages où passait le générique de fin. La foule applaudit puis gagna lentement la sortie.

Et Alexis sut qu'ici s'achevait son aventure avec Sammy.

Il était dans cette foule, et serrait très fort la main de Clara, il scrutait les mines des spectateurs, écoutait leurs commentaires, avec un étrange sourire. Les spectateurs s'égaillaient dans la pénombre des Champs-Élysées. C'était une nuit tiède de fin d'été, une de ces nuits où l'on porte encore vestes légères et robes décolletées, une nuit où chacun se sent beau.

En sortant, Alexis contempla l'affiche à l'entrée du cinéma : le portrait était étonnamment ressemblant. On avait retouché la photo, on y reconnaissait à la fois la tête de Sammy et celle de l'acteur italien qui l'incarnait. Un joli sous-titre, *Un bon sujet.* Et tout en bas, en petite typo chic : « Une production Adam Roumana ». Tout cela était très réussi.

Ce qui le navrait, c'était le titre : *Momo.* Et le surtitre : Un film de Philippe Gassier.

— Tiens, Pirief, vous ici, on est faits pour se retrouver, nous deux !

Le commissaire Viard aperçut Clara et corrigea très vite :

— Nous trois ! Excusez-moi, madame. Je ne vous avais pas tout de suite reconnue, en brune, avec vos lunettes. Ça vous va très bien.

Viard semblait enchanté de les retrouver. Alexis et Clara un peu moins, mais ils n'osèrent refuser l'invitation du commissaire qui leur proposa un pot. Ils commandèrent les boissons, puis Clara sortit son portable :

— J'appelle la baby-sitter. Je m'inquiète, elle n'a pas appelé pour dire que tout va bien. Il y a peut-être quelque chose qui ne va pas.

Elle s'éloigna, laissant les deux hommes face à un long silence, comme si chacun pressentait le navrement de ces retrouvailles. Viard le rompit par la question que redoutait Alexis :

— Alors, ce film, vous avez aimé ?

— Non.

Alexis soupira, et but lentement son jus de tomate. Sa réponse lui semblait déjà trop prolixe, il chercha un autre thème de discussion :

— Et que devient le lieutenant Panatta ?

— Parti en Finlande. Il y avait un programme d'échanges interpolices, et il a absolument voulu se porter volontaire. En Finlande, en voilà, une idée, hein !

Le commissaire était têtu. Il aimait le cinéma, il sortait du cinéma, il avait devant lui un cinéaste, il fallait revenir au sujet de conversation qui s'imposait :

— Ce film, Pirief, c'est normal que vous ne l'ayez pas aimé, c'est parce que ce n'est pas le vôtre. Pourquoi vous ne l'avez pas tourné ?

— Par respect pour la mémoire de Sammy. Vous me voyez prostituer mon amitié avec lui ? Ça m'aurait paru abject. Un sacrilège.

— Vous avez des scrupules qui vous honorent. Gassier en a eu beaucoup moins, et, du coup, c'est lui qui, aux yeux de l'opinion, passe pour le vrai intime de Sammy. C'est quand même un comble, non ?

— Oh, moi, les vanités de l'opinion, pfff…

Il regarda au loin, comme s'il cherchait une arme pour trucider le commissaire, mais celui-ci poursuivit, inconscient :

— Vous êtes un sage, et tant mieux pour vous, parce que dans le film, il ne vous arrange pas, le Gassier. Le personnage du cameraman de télé, ce Boris, c'est vous, hein ? Comme portrait, ce n'est pas valorisant : faire de vous un rat égoïste, fuyant, pusillanime.

Le pouls d'Alexis s'accéléra. Il se demandait de combien d'années de prison on punissait l'assassinat d'un gentil commissaire, à coups de bouteille de jus de tomate, sur les Champs-Élysées.

— Moi, j'avais l'estime de Sammy, c'était ça l'important.

— Oui, bien sûr. Je ne comprends d'ailleurs pas que Sammy ait approuvé ce scénario, lui, votre ami.

— Il n'a rien approuvé du tout, le pauvre.

— Mais si ! Vous n'avez pas lu la grande interview de Gassier dans *Le Monde* de ce soir ? Il y explique que le scénario a été validé dans tous ses détails par Sammy, jusqu'à la fusillade de la rue du Mont-Cenis. Le journaliste a même reproduit une page du scénario avec toutes les corrections manuscrites de Sammy. C'est bizarre qu'il ait accepté ça, votre ami. Bien sûr, ce n'est qu'un scénario, mais...

Alexis encaissa le coup : c'était donc comme ça que Sammy l'avait vu. Il ne le lui avait jamais dit, ni montré, mais c'était comme ça, il l'avait vu tel qu'il était. Et le commissaire, débordant de sympathie, relançait :

— Ah, c'est quand même dommage, si vous l'aviez voulu, ç'aurait pu être le film de votre vie ! Ça vous aurait changé de vos télés.

La vie du commissaire fut sauvée par Clara :

— Il faut qu'on rentre, Alexis. Natacha va réclamer son biberon, je préfère que ce soit moi qui le lui donne.

En quittant Alexis, le commissaire sentit l'urgence d'un réconfort :

— Ne soyez pas triste, Pirief. Bien sûr, Gassier va avoir les faveurs du Tout-Paris, des médias, mais vous, vous avez choisi la meilleure part : celle de la formidable amitié que vous avez vécue avec Raggi. Le souvenir de ces soirées littéraires avec lui, de ces grands projets que vous avez échafaudés ensemble. Tous ces échanges, ce que vous avez reçu, et surtout ce que vous avez donné : ça marquera toute votre vie, personne ne viendra vous le prendre. Il vous reste la meilleure part, je vous dis !

Avec un sourire de prélat, le commissaire regarda Alexis et Clara qui s'éloignaient dans la montée des Champs-Élysées. Ce couple, c'était son œuvre à lui. Était-ce une réussite ? Il ne savait pas trop, il avait improvisé cette fusion en si peu de temps, il avait forcé le cours des choses.

Au début, le couple s'était scellé par une peur commune, celle de mourir. S'ils restaient accrochés aujourd'hui, c'était peut-être simplement par l'angoisse de vivre chacun une vie trop grande pour soi.

Il les vit disparaître. Dans l'appariement, qui avait eu de la chance, qui avait été roulé ? Peut-être les deux. N'était-ce pas dans cette incertitude que se créent les unions qui tiennent ? Drôle de couple.

Il se sentait un peu coupable.

Clara parlait de Natacha qui passerait bientôt à cinq biberons par jour. Alexis l'écoutait à peine. Ne voyait-elle pas combien ce babil l'insupportait ? Ne comprenait-elle pas son besoin de silence, tandis qu'il se sentait emporté par un puissant lamento, une affliction d'autant plus poignante qu'il ne pouvait en préciser la cause ?

Était-ce le chagrin de se voir ainsi déconsidéré aux yeux du Tout-Paris ? Oui, bien sûr. Mais même au faîte de sa gloire, ne vivait-il pas déjà déconsidéré à ses propres yeux ?

Était-ce le chagrin de ne pas avoir tourné ce film ? Il ne savait pas *vouloir* comme Sammy, il avait raté ce film, il avait raté sa vie. Il serait condamné à rester le petit rentier des téléfilms, le talent hyperexpressionniste de la pub. Mais cette infortune lui paraissait plus burlesque que triste.

Alors, ce chagrin ? Alexis vit poindre la réponse, estompée, puis aveuglante : il regrettait de n'avoir pu être l'ami de Sammy Raggi. Son copain. Son pote. Il aurait voulu être celui qui s'en va en emportant la meilleure part.

Une canette de bière traînait sur le trottoir. Alexis imagina qu'il la remplissait de toutes ses vies ratées, de ses regrets, de son destin. Il prit un peu d'élan et shoota pour balancer tout ça le plus loin possible. L'impact fut mal centré : la cannette brinquebala en quelques rebonds foireux, roula, entraînée par la pente des Champs, et revint à ses pieds.

Il lança sa jambe en arrière pour un nouvel essai plus convaincant, mais Clara le retint par le bras :

— Tu vas abîmer tes Church.

Ils marchaient, obscurs, dans la nuit solitaire.

COLLECTION « ESCALES DES LETTRES »

dirigée par Francis Dannemark et Jean-Yves Reuzeau,
avec l'assistance d'Hélène Hiessler

LITTÉRATURE FRANÇAISE
(France / Belgique / Luxembourg / Suisse)

PASCAL ALLARD, *Les Amériques*, roman, 2003.

PASCAL ALLARD, *L'arbre à soi*, roman, 2008.

ALAIN BERTRAND, *Monsieur Blanche*, roman, 2004.

ALAIN BERTRAND, *En province*, chroniques, 2005.

PHILIPPE BLASBAND, *Le livre des Rabinovitch*, roman, 1998.

PHILIPPE BLASBAND, *Quand j'étais sumo*, nouvelles, 2000.

PHILIPPE BLASBAND, *Irina Poignet*, roman, 2008.

CLAUDE BOURGEYX, *Des gens insensés autant qu'imprévisibles*, nouvelles, 2008.

YVES BUIN, *L'illusoire retour des îles*, anthologie personnelle, 2002.

COLETTE CAMBIER, *Le jeudi à Ostende*, roman, 2007.

FRANCIS DANNEMARK, *Une fraction d'éternité*, carnet, 2005.

FRANCIS DANNEMARK, *Zoologie*, fables & récits, 2006.

XAVIER DEUTSCH, *Le tilleul de Stalingrad*, nouvelles, 2001.

XAVIER DEUTSCH, *La Belle Étoile*, roman, 2002 (Prix Rossel).

XAVIER DEUTSCH, *De l'univers*, roman, 2006.

JOHN DUBOUCHET, *Le royaume au bord du monde*, roman, 2004.

DANIEL FANO, *La nostalgie du classique*, poèmes, 2004.

DANIEL FANO, *Comme un secret ninja*, poèmes, 2007 (Prix de la SCAM).

DANIEL FANO, *Henri Vernes & Bob Morane, une double vie d'aventures*, biographie, 2007.

GEORGES FLIPO, *Le film va faire un malheur*, roman, 2009.

DENIS GROZDANOVITCH, *La faculté des choses*, poèmes, 2008.

THOMAS GUNZIG, *À part moi, personne n'est mort*, nouvelles, 1999.

Xavier Hanotte, *Poussières d'histoires*, poèmes, 2003.

Eva Kavian, *Autour de Rita*, roman, 2002.

Eva Kavian, *Trois siècles d'amour*, roman, 2003.

Eva Kavian, *Le rôle de Bart*, roman, 2005 (Prix Marcel-Thiry).

Eva Kavian, *Le square des héros*, roman, 2009

Georges Kolebka, *Tous paranos !*, nouvelles, 2008.

Hervé Le Tellier, *Les amnésiques n'ont rien vécu d'inoubliable*, pensées, 2008.

Didier Lesaffre, *La vie encore*, nouvelles, 2001.

Karel Logist, *Tout emporter (Poèmes 1988-2008)*, 2008.

Natacha Nisic, *Le tatouage d'Éléonore*, roman, 1999.

Edouard C. Peeters, *Nephros*, roman, 2005.

Lambert Schlechter, *Le murmure du monde*, fragments, 2006 (Prix national de littérature du G.-D. de Luxembourg).

Daniel Soil, *Vent faste*, roman, 2000 (Prix Jean-Muno).

Marie-Ève Sténuit, *Les Frères Y*, roman, 2005.

Marie-Ève Sténuit, *La veuve du gouverneur*, roman, 2007.

Marie-Ève Sténuit, *Le bataillon des bronzes*, roman, 2008.

Régine Vandamme, *Ma mère à boire*, roman, 2001 Prix de la Première œuvre du Ministère de la Communauté française).

Régine Vandamme, *Ma voix basse*, récit, 2004.

Régine Vandamme, *Professions de foi*, roman, 2006.

Franck Venaille, *Cavalier/Cheval*, théâtre, 2003.

Marc Villard, *Ballon mort*, roman, 2008.

Cécile Wajsbrot, *Le visiteur*, nouvelles, 1999.

Bibliothèque flamande

Benno Barnard, *Le naufragé*, poèmes, traduits par Marnix Vincent, 2003.

BENNO BARNARD, *Fragments d'un siècle*, récit,
traduit par Monique Nagielkopf, 2005.

BENNO BARNARD, *La créature*, monologue,
traduit par Marnix Vincent, 2007.

LOUIS PAUL BOON, *Ma petite guerre*, roman,
traduit par Marie Hooghe, 2004.

HUGO CLAUS, *Cruel bonheur*, poèmes,
traduits par Marnix Vincent, 2003.

PAUL DE WISPELAERE, *L'alphabet calciné*, journal,
traduit par Charles Franken, 2006.

WILLEM ELSSCHOT, *Fromage*, roman,
traduit par Xavier Hanotte, 2003.

WILLEM ELSSCHOT, *Villa des Roses*, roman,
traduit par Marnix Vincent, 2004.

WILLEM ELSSCHOT, *Le feu follet*, roman,
traduit par Marnix Vincent, 2005.

WILLEM ELSSCHOT, *L'embrouille*, roman,
traduit par Marnix Vincent, 2006.

GUIDO FONTEYN, *Adieu à Magritte – La Wallonie d'hier et d'aujourd'hui*, essai, traduit par Micheline Goche, 2006.

JEF GEERAERTS, *Oiseaux de nuit*, roman,
traduit par Marie Hooghe, 2002.

JEF GEERAERTS, *Sanpaku*, roman,
traduit par Marie Hooghe, 2003.

JEF GEERAERTS, *Marcellus*, récit,
traduit par Marie Hooghe, 2003.

JEF GEERAERTS, *Je ne suis qu'un nègre*, roman,
traduit par Marie Hooghe, 2004.

JEF GEERAERTS, *Le récit de Matsombo*, roman,
traduit par Marie Hooghe, 2005.

LUUK GRUWEZ, *Poèmes dissolus*,
traduits par Marnix Vincent, 2005.

STEFAN HERTMANS, *Entre villes*, essais,
traduits par Monique Nagielkopf, 2003
(Prix La Ville à lire – France Culture & Urbanisme).

Stefan Hertmans, *Le paradoxe de Francesco*, récits avec poèmes, traduits par Marnix Vincent, 2004.

Leonard Nolens, *Brèche*, poèmes, traduits par Marnix Vincent, 2004.

Stefaan van den Bremt, *Racines d'un nuage*, poèmes, traduits par l'auteur, 2001.

Miriam Van hee, *Le lien entre les jours*, poèmes, traduits par Étienne Reunis, 2000.

Miriam Van hee, *La cueillette des mûres*, poèmes, traduits par Philippe Noble, 2006.

Geert van Istendael, *Le labyrinthe belge*, essai, traduit par Monique Nagielkopf et M. Vincent, 2004 et 2008.

Littérature en Flandre (33 auteurs contemporains), anthologie, 2003.

Francis Dannemark, *Ici on parle flamand & français (Une fameuse collection de poèmes belges)*, anthologie, 2005.

Brussels mengelwerk / Miscellanées bruxelloises, 2009.

Littérature étrangère

Doeschka Meijsing, *100 % chimique*, roman, traduit du néerlandais (Pays-Bas) par Charles Franken, 2007.

Patricia Nolan, *Travelling*, poèmes, traduits de l'anglais (Irlande) par Cécile Wajsbrot, 2001.

Patricia Nolan, *Strip-tease*, poèmes, traduits de l'anglais (Irlande) par Emmanuèle Sandron, 2005.

Wilfred Owen, *Et chaque lent crépuscule*, poèmes et lettres de guerre, traduits de l'anglais (Grande-Bretagne) et présentés par Barthelémy Dussert et Xavier Hanotte, 2001.

Pier Paolo Pasolini, *Où est ma patrie*, poèmes, traduits du frioulan par Luigi Scandella, 2002.

ANTHOLOGIES, COLLECTIFS & DIVERS

Histoires d'eaux, anthologie littéraire, 1998.
Au fil du temps, anthologie littéraire, 1999.
Poète toi-même, une anthologie de poésie contemporaine, 2000.
Bloum à Bruxelles, anthologie littéraire, 2000.
Escales littéraires d'automne, anthologie littéraire, 2000.
Littérature en Flandre (33 auteurs contemporains), anthologie, 2003.
FRANCIS DANNEMARK, *Ici on parle flamand & français*
(Une fameuse collection de poèmes belges), anthologie, 2005.
Je me souviens de Bruxelles, souvenirs littéraires et populaires, 2006.
L'école des Belges, guide littéraire, 2007.
DANIEL FANO, *Henri Vernes & Bob Morane,*
une double vie d'aventures, biographie, 2007.
Bruxelles en Europe / L'Europe à Bruxelles, document, 2007.
La Belle Escale, citations, 2008.
Miscellanées bruxelloises / Brussels mengelwerk, 2009.

*

Le catalogue détaillé de la collection « Escales des lettres »
est disponible sur le site www.francisdannemark.be

Le catalogue complet des éditions Le Castor Astral
est disponible sur le site www.castorastral.com

Cet ouvrage
a été reproduit et achevé d'imprimer
par l'Imprimerie Jouve à Mayenne
le 19 décembre 2008
Photocomposition
Ateliers Graphiques de l'Ardoisière.

N° d'éd. : 783 - N° d'imp. : 473164F
Dépôt légal : décembre 2008
Imprimé en France